Nós, os Humanos
do mundo à vida, da vida à cultura

Coordenador do Conselho
Editorial de Educação:
Marcos Cezar de Freitas

Conselho Editorial de Educação:
José Cerchi Fusari
Marcos Antonio Lorieri
Marli André
Pedro Goergen
Terezinha Azerêdo Rios
Valdemar Sguissardi
Vitor Henrique Paro

Dados Internacionais de Catalogação na Publicação (CIP)
(Câmara Brasileira do Livro, SP, Brasil)

Brandão, Carlos Rodrigues
 Nós, os humanos do mundo à vida, da vida à cultura / Carlos
Rodrigues Brandão. – São Paulo : Cortez, 2015.

 ISBN 978-85-249-2287-9

 1. Antropologia 2. Cultura 3. Seres humanos – Origem I. Título.

14-09353
CDD-301.01

Índices para catálogo sistemático:
1. Humanos : Antropologia : Sociologia   301.01

Carlos Rodrigues Brandão

Nós, os Humanos
do mundo à vida, da vida à cultura

Diante do Outro

NÓS, OS HUMANOS: do mundo à vida, da vida à cultura
Carlos Rodrigues Brandão

Capa: de Sign Arte Visual
Ilustrações: Guilherme Lorenti
Preparação de originais: Jaci Dantas
Revisão: Maria de Lourdes de Almeida
Composição: Linea Editora Ltda.
Coordenação editorial: Danilo A. Q. Morales

Nenhuma parte desta obra pode ser reproduzida ou duplicada sem autorização expressa do autor e do editor.

© 2014 by Autor

Direitos para esta edição
CORTEZ EDITORA
Rua Monte Alegre, 1074 – Perdizes
05014-001 – São Paulo – SP
Tel.: (55 11) 3864-0111   Fax: (55 11) 3864-4290
www.cortezeditora.com.br
e-mail: cortez@cortezeditora.com.br

Impresso no Brasil — março de 2015

Três grandes revoluções marcam a história da vida na Terra. A primeira foi a origem da vida propriamente dita, em alguma época situada antes de 3,5 bilhões de anos atrás. A vida na forma de micro-organismos tornou-se uma força poderosa em um mundo onde anteriormente apenas a Química e a Física haviam operado. A segunda revolução foi a origem dos organismos multicelulares há cerca de meio milhão de anos. A vida tornou-se complexa, as plantas e os animais em miríades de formas e tamanhos evoluíram e interagiram em ecossistemas férteis. A origem da consciência humana, em alguma época nos últimos 2,5 milhões de anos, foi o terceiro evento. A vida tornou-se consciente de si própria, e começou a transformar o mundo da natureza com seus objetivos próprios.

(Richard Leakey. *A origem da espécie humana*)

Quanto mais refletimos, com o auxílio de tudo aquilo que nos ensinam, cada uma em sua linha, a ciência, a filosofia, e a religião, mais percebemos que o Mundo deve ser comparado não a um feixe de elementos artificialmente justapostos, e sim a algum sistema organizado, animado por um grande movimento de crescimento que lhe é próprio. No curso dos séculos, um plano de conjunto parece estar verdadeiramente em via de se realizar ao nosso redor. Existe uma tarefa em curso no Universo, um resultado em jogo, que não saberíamos comparar melhor do que com uma gestação e um nascimento; o nascimento de uma realidade espiritual formada pelas almas, e por aquilo que carregam consigo de matéria. Laboriosamente, através da atividade humana e graças a ela, reúne-se, desprende-se e depura-se a Terra nova. Não. Não somos comparáveis aos elementos de um buquê, mas às folhas e às flores de uma grande árvore, sobre a qual tudo aparece no tempo e no lugar certos, conforme a medida e a demanda do todo.

Pierre Teilhard de Chardin. In: *Hino do Universo*

Sumário

Em volta da fogueira acesa, no meio da noite:
  Introdução 11

1. Aqui, muito antes de nós: O que havia aqui antes de havermos chegado até aqui? 27
2. Nós, os Humanos 51
3. O artesão do oitavo dia: O trabalho de criar um mundo humano 79
4. Ser humano, ser recíproco: O dilema da experiência humana 101
5. De um olhar a um outro: Outras viagens por caminhos já percorridos entre a paleontologia e a antropologia..... 131
6. Igualdade e diferença: As culturas, os saberes e as artes minhas e dos outros 157
7. Existir, evoluir, transcender-se, ser mais: A vocação do ser humano 181

Referências 213

Em volta da fogueira acesa, no meio da noite:
Introdução

1. NO MEIO DA NOITE ESCURA

Entre as várias teorias que procuram desvendar de onde viemos, quem somos e como nós nos transformamos nos seres que viemos a ser, os *seres humanos* — ou os *Homo sapiens sapiens*, segundo a nomenclatura classificatória da paleontologia — há, entre tantas, uma especialmente fascinante.

Ela nos leva a tempos que devem ser medidos como alguns poucos milhões de anos, ou vários milhares deles atrás. E ela sugere que antes da descoberta dos usos do fogo e, depois da invenção do poder de criar o próprio fogo, os nossos primeiros antepassados — *hominídeos* a caminho de se tornarem o *homo* — viviam na noite o seu terror.

Privados de luz que não fosse a da lua cheia, na escuridão completa da beira de um regato ou, muitos anos mais tarde, do abrigo de uma caverna, os homens e as mulheres que nos antecederam na Terra eram a presa mais fácil dos animais carnívoros e predadores noturnos. Apenas o alto das árvores os salvava. Mas nem sempre, porque alguns daqueles animais também subiam nelas.

Completamente imersas nas tarefas da busca de alimentos e da proteção dos seres mais frágeis dos pequenos bandos errantes, as pessoas da aurora da humanidade teriam um vocabulário de sons e de palavras que apenas serviriam para pequenos avisos e comandos muito simples. Mesmo havendo saltado do sinal ao signo, e dele ao símbolo, e mesmo após haver a partir deste salto criado o mundo de cultura que nós, seres da natureza habitamos, tudo o que mulheres e homens de milhares de anos atrás teriam a se dizer, teriam a ensinar-e-aprender, teriam a partilhar, caberia provavelmente em uma ou duas folhas de papel, entre colunas de poucas, precárias e pequenas palavras de sons guturais.

A descoberta do fogo mudou este cenário escuro de vida humana de uma maneira radical. Ao redor de fogueiras alimentadas por uma noite inteira, os seres humanos aprenderam primeiro a afugentar de seus abrigos os animais predadores. Sorte de nosso destino sermos a única espécie animal que não teme o fogo... enquanto ele não nos ameaça. Em volta do fogo talvez pela primeira vez, na noite agora iluminada, e no interior de pequenos círculos em que os seres de um bando de humanos se aconchegavam, mulheres e homens, crianças, jovens, adultos e velhos se tocavam, olhavam-se e diziam uns aos outros, umas às outras, o que sobrava das pequenas falas do dia, e podia agora transformar-se nos rudimentos de uma humana conversa.

Sim. Então entre eles e elas talvez tenham as pessoas de quem somos herdeiros, passo a passo, aprendido a difícil arte falar um dizer que se estendia para além dos sons primitivos diante dos afazeres e dos perigos do dia. Talvez então, no correr dos tempos e ao redor do fogo aceso no meio da noite, tenha surgido a troca de palavras, o diálogo, o comentário alongado das pequenas crônicas do correr dos dias. E, mais tarde, bem mais: o caso, o conto, o canto, a estória, o mito, a lei, o poema e a prece. E, entre os mais velhos e os jovens, o ensinar-e-aprender algo além dos saberes práticos dos trabalhos do dia.

Se quisermos colocar dados um tanto mais precisos nesta bela metáfora de nossas origens humanas, poderemos lembrar que em alguns jazimentos fósseis descobertos por paleontólogos, aparecem sinais do uso intencional do fogo já há uns 300 mil anos, quando o *Homo de Neandertal* habitava Terra e quando estariam surgindo os nossos mais próximos primitivos, o *Homo sapiens*. Mas o certo é que de apenas uns 200 mil anos atrás (isto é, "anteontem" em termos paleontológicos) surgem sinais evidentes de um uso comunitário e socialmente aplicado do fogo.

2. DA ORIGEM DE QUEM FOMOS AO FUTURO DE QUEM PODEREMOS SER

E este primeiro livro do que poderá vir a se converter em uma série, contém escritos sobre a nossas origens: a origem da experiência humana ou, segundo outros estudiosos do assunto, sobre a emergência da vida e, dentro dela, o surgimento do fenômeno humano aqui no planeta Terra.

Ele é dirigido, assim como os que pretendo escrever depois deste livro, a pessoas a quem possa interessar uma leitura compreensível de perguntas e respostas a respeito das origens da humanidade, do mistério da pessoa, do desafio de vivermos entrenós, da vocação de ensinar e de algumas ideias do que juntas e juntos poderíamos fazer aqui na Terra para construirmos aqui um mundo mais solidário, justo, livre e feliz.

Nós, os humanos contém uma sequência de capítulos dedicados de maneira especial a pessoas-que-trabalham-com-pessoas. Assim, como um distanciado, mas oportuno passo inicial, o que você poderá ler aqui algo que tem a ver com o que terá acontecido ao longo de nossa trajetória no planeta Terra. Algo sobre quem fomos e o que fizemos para nos havermos tornado o que somos: os seres humanos.

Esta é a nossa questão central aqui. E logo se verá que teremos mais perguntas do que respostas definitivas a respeito de um estranho mistério até hoje nunca decifrado: o de nossa própria origem aqui, nesta pequena esquina do Universo, onde veio a se colocar, há bilhões de anos uma pequenina estrela a que nos acostumamos dar o nome de "Sol" ou, de forma mais afetiva, "o nosso Sol". Ele e mais tudo o que compõe o nosso Sistema Solar. Inclusive aquele único planeta que nos é mais familiar. Um terceiro planeta, "de dentro para fora" a que chamamos "Terra". Um planeta de exceção, porquanto misteriosamente dotado de uma forma de existência até hoje também nunca inteiramente conhecida, a que chamamos "a vida".

Afinal, a menos que tenhamos pronta alguma das tantas e tão belas compreensões religiosas sobre a origem do Universo, da Terra, da vida na Terra e da chegada do ser humano aqui, tudo o que nos resta são perguntas, pesquisas e teorias que se sucedem e, a cada momento ao longo dos anos, convergem, divergem e conflitam. É verdade que a pergunta mais importante neste nosso livro tem encontrado respostas cada vez mais acertadas e assertivas. No entanto, a respeito de nós mesmos nada ainda pode ser considerado como definitivamente esclarecedor. E acaso algo sobre quem somos, de onde viemos e para onde vamos, algum dia encontrará entre as ciências e as filosofias uma resposta universal e definitiva? Provavelmente sim. Talvez nunca.

Devo reiterar com mais detalhes o que escrevi linhas acima. Este livro e os que por ventura a ele venham se juntar não são voltados com prioridade ao "mundo acadêmico", dentro do qual tenho vivido, lecionado, pesquisado e compartido ideias e ações desde um já distante ano de 1967, e para o qual escrevi, como antropólogo e como educador, outros livros. Escrevi o que se lerá nos capítulos deste livro pensando em pessoas, equipes, associações e movimentos sociais com quem tenho compartido, desde um mais distante ainda ano de 1961, uma "outra metade" de minha vida. Tudo o que aqui está escrito, mesmo quando bebe alguns de seus saberes nas fontes de alguma "alta-ciência", está destinado a mulheres e homens que convivem os seus dias entre o "chão da escola" e outros tantos "chãos da luta em nome da pessoa e da vida".

Assim, escrevo muito mais em lembrança de quem foram minhas e meus para professoras/es de escola, entre o "jardim de infância" e a beira da universidade. Escrevo lembrando meus chefes escoteiros, os meus professores de "excursionismo" e de "escaladas de montanhas". Escrevo recordando as e os companheiros de "luta e militância" das equipes de Ação Católica e dos Movimentos de Cultura Popular dos "anos sessenta" e, mais tarde, dos movimentos sociais e populares que desde mais de cinquenta anos atrás busco acompanhar e assessorar.

Alguns escritos de *Nós, os humanos*, são ou foram colocados em circulação através de meios eletrônicos, ou em revistas e outras publicações de circulação restrita. Outros saíram em livros e revistas há anos esgotados. Alguns, bastante mais raros, foram antes publicados em revistas e livros ainda editados. Em todos os casos, tudo o que se dará a ler destas páginas em diante foi demoradamente relido, revisto e reescrito para esta série de livros.

3. UM EU CHAMADO NÓS

Há outra lembrança que precisa ser trazida aqui. Convivi em meus anos de vida de professor universitário com ambientes em que a originalidade das ideias e, por consequência, dos escritos, era algo muito apreciado. Afinal, pesquisávamos para contradizer o consagrado e, se possível, estabelecer a novidade. Para criar uma nova teoria — algo muito raro e difícil — ou, pelo menos, para acrescentar algo pessoal ou coletivamente original a uma teoria estabelecida. Estas eram as "razões acadêmicas" do que escrevíamos em meu campo mais próximo de pesquisa: a antropologia.

Em uma direção oposta ao que vejo com pesar surgir e crescer entre nós na universidade, devo dizer que tudo o que escrevo aqui foi aprendido junto a outras pessoas. Na maior parte das vezes foi algo compartido ao redor de um círculo ou em uma sala de aula. E, portanto, tudo o que possa parecer "meu" é, na verdade, "nosso", É plural. As ideias que talvez possam sugerir que são "minhas" são, na verdade, todas elas o que me restou de diálogos, de partilhas, de trocas de ideias nas mais diferentes situações.

Em boa medida, isto se deve também ao fato de que, entre citações diretas e a acolhida de teorias e propostas, tudo o que escrevo é a tessitura de escritos-de-outros, que uma ou várias vezes, eu li, dialoguei e refleti. É o aprendizado contínuo do diálogo com pessoas que vão de Jean Piaget a Paulo Freire; de Hannah

Arendt a Marilena Chaui; de Zygmunt Bauman e Clifford Geertz a Pierre Teilhard de Chardin e Sri Aurobindo. E deles a Marcos Arruda, Roberto Cardoso de Oliveira, Sueli Koffes de Almeida, Leonardo Boff, Rubem Alves, Miguel Arroyo, José de Souza Martins, João Guimarães Rosa, Adélia Prado, Cora Coralina, Carlos Drummond de Andrade e Manoel de Barros. Um diálogo fecundo que se estende a todas as minhas alunas e aos meus alunos, espalhados por várias universidades brasileiras.

Se quiser ser mais justo ainda nestas minhas confidências, devo dizer que tudo o que escrevo aqui contém muito do que ao longo dos anos aprendi, entre experiências de vida e momentos de trabalho coletivo, dentro e fora da universidade, no interior ou longe das salas de aulas, na Unicamp, em uma reunião com professoras da rede pública de Mogi das Cruzes, ou em um acampamento do MST e da reforma agrária.

Se eu fosse nomear pessoas e grupos de pessoas que vão de professoras/es do "chão da escola" até homens de mãos calosas e de toda uma vida dedicada ao trabalho com o "chão de terra", camponeses de Goiás, de Minas Gerais, de São Paulo, do Nordeste e até mesmo da distante e sempre lembrada Galícia, onde vivi por duas vezes, teria que aumentar estas páginas em pelo menos mais duas.

"O melhor de mim são os outros", escreveu um dia Manoel de Barros. Com as suas e as minhas razões, devo dizer o mesmo. E devo repetir isto com mais ênfase ainda, para traduzir a quem me leia o que de fato em suas raízes este livro e os que venham depois dele sonham ser.

Fui escoteiro durante alguns anos entre o final da infância e o começo da adolescência. Foi uma das melhores e mais inesquecíveis "escolas de minha vida". Poucos anos mais tarde, e até depois de já estar na universidade, fui o que naqueles anos chamávamos de "excursionista" e, logo depois, fui um "montanhista", um escalador de montanhas no Rio de Janeiro, onde nasci há mais de setenta anos.

Em nossos acampamentos numa beira de mar, dentro de uma floresta, ou no alto de uma montanha, pelo menos uma vez em alguma noite armávamos — com todo o cuidado ambiental — uma fogueira. E na noite às vezes clara de lua, depois "da janta", ali nos reuníamos em um círculo.

Ele não deveria ser muito diferente dos círculos de outros seres humanos, muitos milhares de anos atrás. E ali, juntos, nos olhávamos e nos revíamos ao clarão das chamas. E ali comentávamos os acontecimentos do dia. E, juntos, cantávamos. E alguns dentre nós preparavam uma pequena peça que representávamos de pé, entre o fogo aceso e o círculo de "todos nós". Entre os escoteiros de todo o mundo, nas mais diferentes línguas, o nome deste ritual ancestral que lembro agora com saudade tem este nome: "Fogo do Conselho".

Pois é ao redor dele, um fogo aceso com pessoas em volta no meio da noite, que convido você, leitora, leitor, a vir sentar comigo. Conosco. E venha dialogar no círculo do entre-nós as palavras, as imagens e as ideias destes escritos... Em volta do fogo.

Rosa dos Ventos, verão de 2014

Carlos Rodrigues Brandão

Nós, os Humanos

do mundo à vida, da vida à cultura

MAS QUE COISA É O HOMEM?

Uma outra introdução a um livro sobre as origens de nós mesmos

Mas que coisa é homem,
Que há sob o nome:
Uma geografia?

um ser metafísico?
uma fábula sem
signo que a desmonte?

Como pode o homem
sentir-se a si mesmo
quando o mundo some?

Como vai o homem
junto com outro homem
sem perder o nome?

E não perde o nome
e o sal que ele come
nada lhe acrescenta

nem lhe subtrai
da doação do pai?
Como se faz um homem?

Apenas deitar,
copular, à espera
de que do abdômen

brote a flor do homem?
Como se fazer
a si mesmo, antes

de fazer o homem?
fabricar o pai
e o pai e outro pai

e um pai mais remoto
que o primeiro homem?
Quanto vale o homem?

Menos, mais que o peso?
Hoje mais que ontem?
Vale menos, velho?

Vale menos, morto
Menos um que outro,
se o valor do homem

É a medida de homem?
Como morre o homem,
Como começa a?

Sua morte é fome
que a si mesma come?
Morre a cada passo?

Quando dorme, morre?
Quando morre, morre?
A morte do homem

Consemelha a goma
que ele masca, ponche
que ele sorve, sono

que ele brinca, incerto
de estar perto, longe?
Morre, sonha o homem?

Por que morre o homem?
Campeia outra forma
de existir sem vida?

Fareja outra vida
Não já repetida,
Em doido horizonte?

Indaga outro homem?
Por que morte e homem
Andam de mãos dadas

e são tão engraçadas
as horas do homem?
Mas que coisa é homem?

Tem medo de morte?
Mata-se, sem medo?
Ou medo é o que o mata

Com punhal de prata,
laço de gravata,
pulo sobre a ponte?

Por que vive o homem?
Se é certo que vive?
Que oculta na fronte?

E porque não conta
Seu todo segredo
mesmo em tom esconso?

Por que mente o homem?
mente mente mente
desesperadamente?

Por que não se cala,
se a mentira fala
em tudo que sente?

Por que chora o homem?
Que choro compensa
o mal de ser homem?

Mas que dor é homem?
Homem, como pode
descobrir que dói?

Há alma no homem?
E quem pôs na alma
algo que a destrói?

Como sabe o homem
O que é sua alma
E o que é alma anônima?

Para que serve o homem?
Para criar Deus?
Sabe Deus do homem?

E sabe o demônio?
Como quer o homem
Ser destino, fonte?

Que milagre é o homem?
Que sonho, que sombra?
Mas existe o homem?

*Carlos Drummond
de Andrade*

Tenho quase certeza de que você jamais leu um livro ou um capítulo de um livro que comece com uma epígrafe tão longa... Claro, em geral as epígrafes têm apenas algumas poucas linhas. E quando elas aparecem como poesia, quase sempre elas são um recorte de partes pequenas de algum poema de Adélia Prado, de Mário Quintana ou de Fernando Pessoa. Ou então, elas contêm um parágrafo de uma "passagem" ou de um pensamento que por algum motivo devem estar "ali", no começo de um livro, de um capítulo ou de um artigo.

No entanto, eu quis colocar aqui todo um longo poema de Carlos Drummond de Andrade. Afinal, ele é um enorme repertório de sábias e intrigantes perguntas que apenas em parte as páginas deste livro irão procurar responder.

Meu propósito neste primeiro livro é o de ousarmos retroceder para alguns momentos dos princípios da vida e, logo após, da aurora da humanidade. Em busca de quem somos agora e de quem podemos vir-a-ser, se quisermos, convido quem me leia a viajar até os começos da experiência do ser humano aqui no planeta Terra. Nesta viagem de volta-a-nós-mesmos, estaremos compartindo algumas ideias e teorias a respeito dos acontecimentos que transformaram os seres que antecederam nossa linhagem naquilo — ou naqueles — que somos hoje.

Hominídeos, Australopitecos, Homo erectus, homem de Neandertal, Homo sapiens sapiens... Espero que palavras como estas, nem sempre costumeiras entre quem me leia, não sejam tão estranhas. Afinal, passo a passo na trajetória da humanidade, elas são quem fomos. São os seres em quem nos transformamos, e resultaram ser quem supomos ser agora.

E estaremos aqui também envolvidas(os) com uma das questões ao mesmo tempo mais ancestrais e mais atuais a respeito do "dilema humano". Começaremos por investigar as nossas origens para responder a perguntas como: Quem somos nós? De que foco de origem surgimos nós? Qual o nosso lugar na Árvore da Vida? Como evoluímos e nos transformamos em quem somos? Qual a razão-de-ser, ou a finalidade de nossa presença na vida da Terra. E a seguir espera-nos uma outra questão crucial. Ela permanece como um acirrado debate aberto, e desafia até hoje os estudiosos de nossa origem, de nossa vocação e de nosso destino comum. Ela poderia ser resumida nesta pergunta: Como somos? Ou então: Qual é a nossa natureza? Se é que existe alguma original e irremovível "natureza humana".

Em termos um tanto mais concretos e operativos, os pesquisadores da "essência e/ou da existência do ser humano" quase sempre estão divididos entre estas duas perguntas opostas. Somos seres essencialmente cooperativos, e é esta natureza generosamente altruísta o que garantiu a nossa sobrevivência aqui no planeta Terra? Ou, ao contrário, seremos essencialmente competitivos, e não será justamente porque competimos, concorremos e centramos os nossos interesses em nós mesmos, que sobrevivemos, que nos multiplicamos e que... dominamos a Terra?

De um lado e do outro existem inúmeras pesquisas, teorias, artigos e livros inteiros. E, entre eles, em meio às suas tão diversas variações, sobrevivem incontáveis polêmicas não apenas entre cientistas. E provavelmente por muito tempo ainda elas tenderão a nos parecer inacabáveis. Em alguns momentos deste livro estaremos vendo como alguns etólogos — os estudiosos do comportamento animal — irão buscar entre os animais e, sobretudo, entre os macacos antropomorfos (aqueles com a forma física mais próxima à do *anthropos*, o ser humano), nossos parentes naturais mais íntimos no mundo da natureza, como os gorilas, os orangotangos, os gibões e os chimpanzés, especialmente os da subespécie dos "bonobos", as raízes de comportamentos que antecedem as nossas. Condutas interativas divididas entre a cooperação, a solidariedade e o interesse no "bem comum", e entre a disputa, a competitividade e o interesse no "proveito individual". Vamos nos reencontrar com os bonobos mais de uma vez nestes escritos.

Em um voo bastante mais largo e alto do que os que tentei em todos os meus livros anteriores a este, desejo convidar quem me acompanhe nesta viagem que, por um momento, recuemos alguns milhares ou mesmo alguns poucos milhões de anos. Saibamos sem temor ousar estender o nosso olhar ao passado remoto, e saibamos buscar entre fragmentos de nossas origens como seres vivos — como seres da natureza, como primatas e como seres humanos no planeta Terra — alguns fundamentos que nos aproximem não tanto de respostas sempre efêmeras e, não raro, ilusórias, mas talvez de outras perguntas. Perguntas em cujo difícil espelho poderíamos entrever com maior clareza alguns sinais de nossos próprios rostos.

Com facilidade, quem me leia irá compreender que sobretudo nos primeiros capítulos mergulho em pesquisas e em teorias de estudiosos de nosso ancestral passado humano, os paleontólogos, assim como em ideias de antropólogos e outros cientistas. Escrevo, portanto, a partir da leitura de ciências que se entrecruzam e de teorias que nem sempre são convergentes.

Algumas pessoas tenderão a dar outras explicações "para o que aconteceu", e isso será algo bastante válido. A não ser entre os mais extremistas, os próprios cientistas da natureza, do humano, da sociedade e da cultura cada vez mais reconhecem que seus saberes, "achados" e teorias são tão parciais quanto provavelmente efêmeros.

Em capítulos entre o meio e o final deste livro, estarei claramente "tomando partido". E quem viajar comigo de um livro a um outro desta série, verá que o que estarei escrevendo e defendendo a respeito do sentido da vida, da vocação humana na Terra, de nossas solidárias corresponsabilidades para com a Casa-Nave em que vivemos, para com a vida que nela compartimos, para com nossos outros, para nossos mundos de vida social, para com os nossos destinos, e para algumas práticas sociais, como a educação, parte em boa medida do que penso e escrevi neste primeiro livro e, sobretudo, em seu último capítulo.

Viajemos pois! Eis que temos um longo passado pela frente!

1

Aqui, muito antes de nós...

O que havia aqui antes de havermos chegado até aqui?

O que há de mais incompreensível no Universo é que ele seja compreensível.

Frase atribuída a Albert Einstein

Fora alguns filósofos e muitas crianças, quase nunca nós paramos por um momento para fazermos estranhas perguntas. Como esta que Leibniz, um importante filósofo alemão do passado, fez um dia: *por que é que existe o que existe e, não, o nada?* E ele não foi nem o primeiro e nem o segundo a fazer esta pergunta. E ela parece uma pergunta tola e dispensável. Mas por milênios ela tem sido uma questão essencial para compreendermos onde estamos, como tudo começou e por que o que há existe como existe.

De uma maneira semelhante, biólogos e outros estudiosos afins perguntam: Como e por que surgiu algo como a Vida aqui na Terra? Por que será que nesta pequenina esquina do Universo, em um planeta mínimo de um sistema solar situado a um canto de uma entre bilhões de constelações e de galáxias, foi surgir algo tão estranho, tão misterioso, tão persistente e tão frágil como a Vida?

O que nós sabemos hoje com alguma aproximação é que a *Terra Primitiva* terá girado em volta de seu sol durante muitos anos sob a forma de uma bola de fogo com temperaturas de até 7.000 graus. Durante talvez dois e meio bilhões de anos essa bola de fogo terá girado pelo espaço infinito e, como não tivesse energia própria, ela pouco a pouco foi esfriando. Os gases incandescentes iniciais terão se convertido em líquidos e em uma matéria sólida que cada vez mais se solidificava a ponto de se converter em uma crosta dura e resistente. Talvez a parte mais pesada (uma massa ígnea de ferro) terá mergulhado para o interior. Até hoje, nosso planeta é constituído desta massa incandescente em seu núcleo. E tal como um prato de sopa quente deixado a esfriar, nossa Terra foi-se tornando menos quente das bordas para o centro.

Mesmo quando não era já matéria incandescente, a Terra permaneceu milhões de anos sob temperaturas muito altas. Um grande calor espalhado por toda a superfície do planeta. Com os primeiros líquidos e uma tão alta temperatura havia muita umidade e consequentemente muita evaporação. Nuvens densamente carregadas de água despejavam chuvas torrenciais sobre a superfície do planeta. Não chuvas de alguns dias, mas, dentro desses milhões de anos, verdadeiros séculos de tempestades varriam o planeta ainda deserto de qualquer forma de vida.

Teorias mais recentes acreditam que durante milhões e milhões de anos, ao longo de períodos de intensa atividade de bombardeios cósmicos sobre a superfície dos planetas do Sistema Solar, a Jovem Terra recebeu o impacto de uma quantidade incontável de meteoros e até mesmo de cometas. O que poderia destruir a Terra de nossos dias, ou mesmo de nossos ancestrais, foi, em seus primeiros tempos, algo ao mesmo tempo terrível e fecundo.

Sim, porque terão vindo do espaço tanto a água que inundou a Terra e a tornou um "planeta líquido" (quatro quintos de sua superfície são mares e outras águas) quanto, após as águas ou junto com elas, as partículas elementares da matéria-energia que depois povoou a Terra jovem de vida. Acreditamos hoje que do espaço sideral terão provavelmente vindo para a Terra os elementos e as forças cósmicas que mais adiante formariam as cadeias de aminoácidos que, por seu turno, terão gerado aqui a própria vida. Dizer que somos semeadura do espaço e que somos filhos e filhas das estrelas talvez seja mais uma verdade ancestral do que uma sonhadora fantasia.

Não se sabe exatamente quando, nem como foi. Mas depois de pelo menos dois e meio bilhões de anos (talvez muito mais) a Terra ter-se-ia resfriado o suficiente para poder receber em seu seio formas novas de "existir sobre ela". Num mundo quente, ainda em banho-maria, submetidos a tempestades contínuas com raios e trovões, alguns elementos vindos do Cosmos já presentes em sua superfície terão começado a interagir, a se combinar, a se fundir, formando presenças cada vez mais complexas e diferenciadas de matéria-energia. E de uma crescente quantidade de combinações de elementos da natureza terá em algum momento surgido aqui uma primeira composição físico-química capaz de se constituir como a base de um ser inteiramente novo no nosso mundo: *o ser vivo.*

Essa matéria, extremamente mais complexa do que todas as outras que lhe eram anteriores, ter-se-á originado entre as águas de um único imenso oceano, ou terá sido finalmente levada para lá por efeito das chuvas incessantes. No grande mar formado inicialmente pelos séculos de chuvas caídas sobre a Terra, o que aqui havia transformou-se em vida. E a vida acrescentou formas absolutamente originais de "estar no mundo".

Não seria mais do que um microscópico ser unicelular muito simples e primitivo, mas já era uma forma dotada de movimento próprio, de capacidade de reproduzir-se, e suficientemente mais desenvolvida para começar a manter com o mundo da matéria um sistema de relacionamentos completamente diferente de todos os anteriores.

No último capítulo deste livro iremos chamar ao longo primeiro momento das transformações de nosso planeta de *litosfera.*

Daremos ao segundo momento o nome de *biosfera*. E deveremos reconhecer um terceiro, a *antropogênese*.

Durante muitos milhões de anos algumas (ou muitas) formas vivas unicelulares terão povoado e dominado o fundo dos oceanos, a lama dos primeiros brejos. Ainda que cada uma tivesse duração de vida muito curta, tinham todas também uma extraordinária capacidade de se reproduzir. E, assim, terão aprendido a como dar origem a outras formas novas, num processo novo em que, à diferença da pedra ou da água, uma forma mais velha de matéria viva dividia-se em duas, dando origem a dois seres jovens. Os seus relacionamentos com o mundo não iam além da capacidade de abarcar elementos vivos menores para a alimentação e da possibilidade de se afastar de formas maiores e ameaçadoras. Mas que outra coisa qualquer existe no Universo, mesmo a maior estrela, era capaz de fazê-lo com um tal grau de liberdade? Durante outros muitos e muitos milhões de anos, estas formas simples terão sido os únicos habitantes vivos do nosso mundo. A menos que possamos acreditar em outras, pioneiras, mais espirituais e completamente diversas, surgiram depois. Diferentes não apenas em quantidade de combinações, mas em e através de um verdadeiro salto de qualidade no sentido e no valor de tais combinações dos materiais e das energias da vida de que somos herdeiros.

Uma vez surgida — e este surgimento pode haver sido uma verdadeira "explosão da vida" em diferentes pontos, ao mesmo tempo — dentro dos mares e dos primeiros charcos das primitivas águas doces, a vida aprendeu a se transformar sempre e incessantemente. Como se, uma vez saltando o fosso da existência, ela desejasse ser, passo a passo, e pouco a pouco, mas sem retorno possível, todas as existências. E ela, a vida, começou a dar origem a seres não somente maiores, mas seres dotados de um maior número de células e de variedades de combinações entre diferentes células. Seres no seu interior mais diferenciadamente complexos e mais complexamente diferenciados. Seres cada vez mais dotados de uma organização muito mais rica de elementos orgânicos que guardavam entre si níveis mais elaborados de organização interna. Seres cada vez mais autônomos e dotados de maior liberdade. Liberdade, no sentido de serem seres capazes de realizarem mais e mais livres trocas com o ambiente em que viviam.

Há uns 350 milhões de anos apenas, terá acontecido um fato muito importante na história da vida. Algumas formas vivas, os artrópodes (seres de que se originaram os caranguejos, os siris, e outros semelhantes), começaram a sair dos oceanos para as praias próximas. Começaram a saltar das águas para a terra firme.

Mas foi somente a partir de uns 220 milhões de anos que apareceram os primeiros seres capazes de viverem suas vidas inteiramente fora da água. Nem mesmo para se reproduzir, eles precisavam retornar a ela, como os anfíbios. Estes seres foram os répteis, e os primeiros de seus representantes eram animais de porte gigantesco, que dominaram o planeta durante muitos milhões de anos.

Não tem mais de 100 milhões de anos o aparecimento de um novo tipo de ser vivo extraordinariamente mais desenvolvido que os anteriores. Um ser vivo com uma capacidade de adaptação ao meio ambiente muito maior do que todas as formas anteriores de vida. E isso por causa de fatores essenciais na variação orgânica de seus sistemas corporais, e na sua adaptação comportamental ao ambiente dotada de muito maior flexibilidade. Os cientistas da vida os chamaram *mamíferos*, e foi a partir deles que se originaram os *primatas* e, entre eles o próprio *homo*.

Antes de chegar a este momento, entretanto, vamos fazer uma pausa para olhar "de dentro para fora" e procurar compreender o que terá acontecido ao longo de todas essas transformações que atravessaram muitos milhões de anos. A vida, desde quando apareceu no mundo, não parou mais de se transformar. Em linhas muito gerais, essas transformações se fizeram em duas grandes direções, ou dimensões.

Uma delas foi responsável pelas modificações que ocorreram dentro de cada espécie. Por exemplo, há uns setenta milhões de anos, os ancestrais de nossos cavalos atuais eram pequenos animais, não muito maiores do que um cachorro comum, e dotados de patas com cinco dedos. Ao longo de milhões de anos, essa espécie realizou duas formas de mudança que são básicas no processo das transformações de cada espécie viva: os cavalos ficaram maiores e passaram a ocupar um espaço físico maior em seus ambientes de vida; os cavalos modificaram suas patas no sentido de ficarem mais preparados para correr, e especializaram seu próprio corpo para correr.

Outra sequência de transformações foi responsável pelo aparecimento incessante de novas espécies. Desde quando surgida na Terra, a vida tornou-se densa e dinamicamente colonizadora do planeta. E, nele, a vida precisou transformar-se sem cessar para poder seguir existindo e se desenvolvendo. As espécies que perderam condições de continuar as suas interações de trocas com a natureza que as envolve foram sendo eliminadas. Subsistiram aquelas que preservaram e ampliaram as suas relações simbióticas com o seu meio natural. Algumas desapareceram após mudanças drásticas na superfície e nas entranhas da Terra, como quando um gigantesco meteoro colidiu com o planeta há uns 70 milhões de anos. O que causou o desaparecimento dos sáurios, que nos antecederam, como os gigantescos dinossauros. O que deu margem à "explosão dos mamíferos", de quem somos a herança. Ao longo da trajetória da vida, surgiram sempre novas espécies, e, lembro uma vez mais, em uma escala ascendente de transformações, elas eram mais complexas, mais diversificadas, mais livres e mais capazes de responder de formas mais variadas e conscientemente motivadas ao seu meio ambiente.

Analisemos a primeira direção das modificações da vida: aquela que se passa no interior de cada espécie. De um modo geral, para cada uma delas, evoluir significa sempre uma conquista progressiva de uma maior organização vital. Isso representa uma dimensão maior de "controle" sobre o meio ambiente devido a uma melhor flexibilidade de comportamentos interativos. Esta conquista progressiva representa também a ampliação da capacidade de adaptar-se mais ao meio ambiente através de um longo processo de modificações corporais através das quais sistemas do organismo se modificam, especializando-se mais e mais. Mas é esta mesma especialização corporal que garante uma melhor adaptação a curto prazo da espécie, aquela que algumas vezes termina por condená-la, a longo prazo, à extinção. A especialização corporal dos animais é irreversível e pode conduzir a uma superespecialização tão grande que as condições de adaptação se perdem e a espécie desaparece a partir do momento em que haja qualquer modificação em seu meio ambiente.

> Pode-se descrever o animal altamente especializado como sendo um ser que se torna uma espécie de mecanismo ou ferramenta animada, adaptado e construído para um meio ambiente e um modo de vida especiais — modificação esta que é inalterável e inadaptável.
>
> Um exemplo excelente é a extraordinária adaptação das patas dianteiras da toupeira como instrumento de escavação. Além de depender destes órgãos especiais, acha-se tão ligado a eles que, se as condições mudarem, e eles não puderem mais serem usados, extingue-se o animal juntamente com os órgãos. (Lewis, 1968, p. 22)

No entanto, em outra direção, vimos já que a vida em linha ascendente de desenvolvimento fez aparecerem seres cada vez mais organicamente estruturados. Seres. Espécies vegetais e animais que, uns após outros, colonizaram ambientes e dominavam a Terra durante largos milhões de anos, até o aparecimento e dominância de uma espécie seguinte, ainda mais acabada e desenvolvida. Não é necessário compreender o significado preciso de cada um dos termos altamente especializados do texto a seguir, para entender o desenrolar da sucessão da vida no mundo.

O fato mais saliente na história evolucionária da vida é a secessão de tipos dominantes. Quando aparece um novo e melhorado, provavelmente em apenas em uma localidade e em um dado tempo, ele não só suplanta os tipos anteriores, mas evolui numa variedade de formas novas. Se pensarmos na imensa variedade de insetos, estes artrópodes tão extraordinariamente bem-sucedidos, teremos um exemplo excelente. Em tempos mais recentes, o aparecimento de mamíferos de espécies tremendamente diferentes, a partir do progenitor-mamífero original, é outro exemplo do que chamamos radiação de adaptabilidade, pois cada tipo adaptou-se a um modo de vida espacial. Os carnívoros são depredatórios, os esquilos trepam em árvores e assim por diante.

Em consequência. Um novo tipo bem-sucedido torna-se dominante, e assim permanece até que seja suplantado por outro tipo ainda mais desenvolvido. Desta forma, nas eras Sulerianas e no fim do período Devoniano, os peixes dominavam; nos fins do período paleozoico, tanto os insetos como os anfíbios podiam candidatar-se ao título de grupos dominantes. A vitoriosa conquista do solo pelos répteis de pele dura, que punham ovos protegidos por cascas, transformou-os no tipo dominante por milhões de anos, e eles se ramificaram, assumindo formas as mais diversas, como o dinossauro, o pterodáctilo, capaz de voar, e o plesiossauro aquático, enquanto que, dentre as formas aquáticas, o peixe continuava proeminente e evoluía para formas mais eficientes (depois do período mesozoico parou de evoluir).

No recente período cenozoico, os mamíferos passaram a dominar; e os répteis, além de serem empurrados para o fundo da cena, foram quase que completamente eliminados, com exceção dos crocodilos, lagartos, cobras e tartarugas. Todos os outros são apenas conhecidos sob a forma de fósseis. Alguns grupos, outrora dominantes, foram, de fato, totalmente extintos, como, por exemplo, o ictiossauro, ou peixe-lagarto. (Lewis, 1968, p. 20-21)

O que significam estas transformações da vida ao passar de espécie a espécie, de um para outro tipo dominante nos diferentes cenários naturais de nosso planeta? O que aconteceria ao longo desta longa e irredutível série de modificações que a vida operou desde a primeira ameba até ao homem?

Inicialmente, elas parecem traduzir-se como uma série de mudanças corporais de grande importância: de espécie para espécie, ao longo da evolução da vida, aparecem animais com uma conformação óssea mais desenvolvida e capaz de maiores movimentos; há uma progressiva independência maior do meio físico e, consequentemente, surgem maiores possibilidades de adaptação mais aberta e multivariada dentro da espécie. Exemplo: o sistema nervoso e os músculos se diferenciam e se desenvolvem em grande medida ao lado de um decisivo aumento da capacidade craniana, gerando cérebros maiores bem mais complexos e mais diferenciados.

Entretanto, desde um ponto de vista ainda mais próximo ao que nos importa aqui e nos livros seguintes de nossa série, quais seriam as transformações mais ascendentes e importantes ao longo da trajetória da evolução da vida, sobretudo no que toca aos seres vivos mais vizinhos a nós mesmos? Comparemos as possibilidades de existência no mundo de animais entre vários níveis de existência e de uma evolução da "corrente da vida".

Uma ameba, por exemplo. Ela não é sequer gerada a partir da união de ascendentes macho e fêmea. Ela existe antes do encontro entre dois seres iguais e diferenciados. Uma forma de vida mais velha se biparte em outras duas novas. Estas pequenas amebas, assim que emergem para a vida, surgem já capazes de realizar a totalidade dos comportamentos da forma anterior. Isto quer dizer que elas recebem de quem as antecedeu a totalidade das matrizes comportamentais necessárias à sua sobrevivência. Elas não aprendem praticamente nada. Estão totalmente preparadas para viver, na mesma medida em que estão absolutamente despreparadas para aprender. Os relacionamentos que elas mantêm com os outros seres da mesma espécie sugerem ser minimamente dotadas de uma interação intencional, ainda que vivam juntas aos milhões. Seus comportamentos adaptativos tendem a mínimos: aproximar-se, emitir pseudófobos, afastar-se.

Um outro animal, um tanto mais complexo, será capaz de inventariar relações com o mundo muito mais variadas e dotadas de motivos. Suponhamos uma tartaruga. Ela é um réptil muito primitivo se comparada a um macaco, por exemplo. Mas é um ser colocado mais adiante na "linha da vida", se comparada à ameba. Entre tartarugas, há alguma atração entre uma fêmea e um macho, e de uma relação física entre os dois geram-se no corpo as sementes de novas vidas. A mãe tartaruga deposita os seus ovos nas areias da beira dos rios ou dos mares, e parte. Os ovos são "chocados" sob a areia quente, e quando os ovos estão "maduros", as crias nascem. Surgem para o mundo. Saem de seus ovos, emergem das areias e saem em direção ao rio ou ao mar, sem precisar para isso da presença e do exemplo da figura materna. Quase todo o comportamento necessário à sobrevivência das tartaruguinhas também já está biologicamente herdado. Distante e sem saber o que está acontecendo, no entanto, a mãe tartaruga está presente na estrutura genética de cada uma de suas milhares de crias. O pouco que, porventura falte a cada uma, é preenchido através de experiências que a pequenina tartaruga vive diretamente com o seu meio ambiente. Em pouco tempo, ela aprende a fugir e a caçar, a inventariar o seu ambiente e a escapar do que a ameace. Suas possibilidades de aprender-com-outras são muito reduzidas. Quem já conseguiu "domesticar" uma tartaruga? E ainda que possa viver muitos anos mais do que os seres humanos, as suas alternativas de variação aprendida de condutas são muito pequenas. Da mesma forma, suas relações com outros seres da mesma espécie tendem a ser também muito limitadas.

Ousemos dar um salto nesta "corrente da vida". Tomemos o exemplo de um mamífero. As relações de corpos e indivíduos entre cães e macacos, sobretudo, é muitas vezes mais complexa do que acontece entre jacarés e tartarugas. Cães, gatos e macacos estão nisso mais próximos de nós do que de um sapo ou de uma tartaruga.

Quando surge no mundo-da-vida, a cria de um macaco nasce muito despreparada para viver em seu meio ambiente. Deixada a si mesma na floresta ela não sobreviverá, tal como acontecerá com um filhote de sabiá. Ambos necessitam viver com os seus pais durante bastante tempo. Sendo assim, em muitos casos, o macho e a fêmea de um casal de animais permanecem unidos durante longo período, mesmo após o nascimento da cria. Os comportamentos necessários à sobrevivência de um pequeno chimpanzé são também herdados sob a forma de matrizes comportamentais biologicamente transmitidas. Mas agora uma parte importante de quem é e virá a ser o pequenino animal terá que ser aprendido. E não apenas em trocas com o meio ambiente, mas também e principalmente através de interações carregadas de sentido, de sentimento, de sociabilidade, de motivação e de aprendizado, junto a seus pais e, depois, dentro de seu bando, no caso dos animais sociais. Pois um mamífero...

> [...] é um tipo fisiológica e mecanicamente avançado, de todos os pontos de vista. É também capaz de modificar o seu comportamento de modo considerável, baseado na experiência. Aprende.
>
> Enfim, suas possibilidades comportamentais são muito mais amplas: Ele reage em seu meio de formas muito mais diversas. Ele se comunica com seu "mundo social" com os outros de seu grupo de maneiras muito mais profundas e variadas. O comportamento social de alguns antropoides (gorilas, orangotangos) tem surpreendido vários psicólogos. Por outro lado, estes macacos (ao longo da viagem evolutiva da vida, já tão próximos de nós!) dependem muito mais de seu grupo, de conviver interativamente com outros iguais em uma sociedade de funções distribuídas, mas nunca tão rigidamente como uma "sociedade de abelhas". (Lewis, 1968, p. 21)

ENFIM... OS HUMANOS

Nada mais fantasioso do que os filmes em que os seres humanos da antiguidade remota contracenam com perigosos dinossauros. Quase todos os sáurios desapareceram do planeta quando um grande meteoro caiu onde hoje é o Golfo do México em algum momento ao redor de 70 milhões de anos atrás. Nossos mais distantes ancestrais terão surgido na Terra por volta de 20 a 15 milhões de anos atrás. E os primeiros seres com uma forma corporal já bem próxima à nossa somente terão chegado ao nosso Planeta entre 7 e 3 milhões de anos atrás.

Bastante mais próximo do que seria a verdade dos fatos é o começo do filme *2001 — Uma odisseia no espaço*. O filme começa com um bando de *hominídeos* peludos em algum lugar da Terra primitiva. Eles ali estão vivendo talvez o começo de uma nova manhã, quando um outro bando os ataca. Há uma luta em que as armas são apenas gritos furiosos, mãos e bocas. Eles são expulsos pelos invasores. Numa cena seguinte, eles estão ao redor de um inesperado e inexplicável monólito negro, de forma retangular, como se posto ali e de pé sobre a terra. Em um outro momento — um instante crucial na cena — um dos indivíduos de grupo está diante de uma carcaça de um animal que os predadores havia matado e comido. Ele examina com atenção os ossos diante dele e sobre as areias da savana. De repente, como se em um momento de reflexão e criação, ele toma um dos ossos com a forma de uma quase letra "L" em sua mão. E começa a bater com este osso transformado em uma clava e começa a fortemente bater nos outros ossos.

Na cena seguinte o bando expulso de seu território retorna e ataca o bando invasor. Dotados agora de ossos poderosos e lutando contra seres com as mãos vazias, eles os expulsam e retomam seu lugar de vida. Ora, em um instante central desta breve luta, o *hominídeo* que porta o osso "em L" subitamente o atira para o alto. A cena enfoca o osso subindo ar acima. E quando ele chega ao seu ponto de equilíbrio e vai começar a cair, em uma fração de tempo visual, transforma-se em uma estação espacial e já se está a milhões de anos entre aquela manhã e o começo dos anos do terceiro milênio.

Nós, os humanos, emergimos na Terra há tão pouco tempo que quase poderíamos dizer que ainda estamos "acabando de chegar". Chegamos ontem? Se a medida da existência da Terra fosse reduzida ao tempo das vinte-e-quatro-horas nós, os seres humanos modernos — os que resolveram designar-se *Homo sapiens sapiens* — teríamos chegado aqui às onze horas da noite, cinquenta e nove minutos e cinquenta e nove segundos.

Imaginemos uma medida de espaço, e coloquemos entre as suas dimensões o momento (nem sempre preciso, claro) das diferentes formas através das quais a vida colonizou a Terra. Tomemos uma das duas torres do *World Trade Center*, destruída no atentado de 11 de setembro de 2001. Ela tinha mais ou menos 400 metros de altura e 128 andares.

Pois bem, se pudermos imaginar que o planeta Terra surgiu no andar térreo do edifício, veremos que os primeiros esboços de vida, resultantes de associações de elementos e energias com base no carbono e, depois, em cadeias de aminoácidos, terão emergido por volta do andar número 25, com a chegada dos primeiros seres unicelulares.

Sigamos. Seres mais complexos e pluricelulares terão surgido por volta do andar 70. Os primeiros moluscos surgem ao redor do andar 80. Os peixes aparecem nas águas dos mares lá pelo andar 97. E seus descendentes arrastam-se para a superfície da Terra no andar 99.

Os grandes dinossauros surgem e dominam a Terra entre o andar 104 e o 110. Os mamíferos dominam o planeta, após a desaparição dos grandes sáurios, apenas já na cobertura da torre.

Chegamos enfim a nós mesmos. Nossos ancestrais, *mamíferos, primatas, australopitecos* e, depois, *homo*, seres humanos primitivos surgem na Terra por volta de apenas uma polegada do teto da cobertura do prédio. 99,9% da trajetória da vida na Terra já se havia então passado.

O domínio do simbólico, a linguagem, as primeiras coletividades humanas maiores do que um bando de caçadores primitivos, tudo isto emerge com os seres humanos a apenas um quarto de polegada do teto da cobertura. Algo próximo a meio centímetro. E tudo aquilo a que chamamos de "as primeiras civilizações", cujas histórias remotas estudamos na escola, surgem a um centésimo de centímetro da distância entre a parede e o teto. Finalmente, chamada "Idade Moderna", entre a Renascença e agora, surge na Terra a tão somente um milésimo de centímetro do teto. Assim toda a era que vai de quinhentos anos até o momento em que você lê esta página, existe dentro da espessura de uma tênue e aguada mão de tinta no teto da cobertura da torre.

Esta é a linha de transformações da vida que nos deve motivar mais aqui. Uma cadeia única, uma única Árvore da Vida, uma teia-de-existência única, diferenciada e misteriosa o bastante para que até hoje tenhamos mais perguntas do que respostas, entre teorias que quase tudo e quase nada explicam entre as ciências da natureza e da parcela de vida nela, aqui na Terra. A linha-da-vida que desde um "momento zero" de existência até hoje luta por seguir existente e se transforma para lograr seguir existindo sobre a Terra.

Uma trajetória de sequências da vida que parte de seres mais imediatamente preparados para viver e menos capazes de aprender, e segue em linha ascendente em direção a seres cada vez mais despreparados para viver e mais aptos a aprender-a-viver.

Uma teia de transformações que povoam a Terra de incontáveis formas de vida geradas por princípios em tudo quase igual de surgimento, e dotadas, à medida em que nela avançamos, de modalidades e escalas de especialização corporal cada vez menos restritas e, portanto, com cada vez maiores possibilidades de interações mais complexas, mais livres e mais conscientemente motivadas. Seres-da-vida que, sobretudo, entre os mamíferos conquistam maior autonomia de criação comportamental em suas relações com o meio ambiente, com os outros seres da própria espécie e com seres de outras espécies. Seres mais e mais capazes de criar e consolidar grupos sociais mais sistematicamente ordenados, e orgânica e racionalmente mais flexíveis, abertos e pessoalizados, como na diferença que há entre um formigueiro, uma comunidade de castores e uma de gorilas.

Até que ponto chegaria a experiência da vida ao longo desta corrente de surgimentos, de experimentações, de transformações ao longo de milhões de anos, neste planeta que, como veremos logo adiante, parece haver-se preparado para receber o milagre da vida e para acolher seres mais complexos, diferenciados, interativos e motivados? Teria chegado um momento em que a vida se enfrentou com um impasse? Na verdade, a cada avanço das pesquisas, descobrimos que entre os primeiros seres e nós, agora, a vida sempre enfrentou grandes e perigosos impasses aqui na Terra. Desde um olhar mais próximo a nós, qual impasse seria este? E a que daria ele origem?

Sabemos que de alguma forma de primatas — mamíferos que possuem mãos e pés com dedos em vez de garras — certamente de uma das espécies menos rígidas e especializadas, terá surgido um primeiro *hominídeo*. Um primeiro (ou primeiros, claro) ser já possivelmente humano, ou pré-humano. Mas, de qualquer modo, um peludo ser ainda longe de se aproximar do que veio a ser, bem mais tarde, o *Homo sapiens*. Um dentre os grupos de *hominídeos* nossos ancestrais seguiria a linha de desenvolvimento da vida até que finalmente ela se alçou a uma esfera de consciência reflexiva e o *homo* emergiu no mundo. O último capítulo estará dedicado a pensar o lugar do pensamento e de uma forma única de consciência com que o *homo* povoa a Terra.

> O homem pertence à ordem de mamíferos chamados primatas, que inclui os lêmures, macacos e antropoides, assim como os hominídeos

ou homens. Entre os hominídeos encontramos muitos grupos extintos e uma espécie que sobreviveu, o *Homo sapiens*, que somos nós. Os primeiros primatas eram animais pequenos semelhantes a víboras, e vários tipos lemuroides e tarsioides, dos quais surgiram os macacos primitivos. Os macacos existentes, contudo, são bastante especializados e se desenvolveram afastando-se de seus primeiros progenitores pitecoides (semelhantes a macacos). (Lewis, 1968, p. 27)

Apenas como um dado de nomenclatura, a quem acaso se importe em conhecer os fundamentos de nosso *"curriculum vitae coletivo"*, saiba que identificamos a nossa linhagem desta maneira, com as palavras originais em latim. Categoria: *Ser Vivo*; reino: *Animália*; filo: *Chordata*; classe: *Mamalia* (mamíferos); infraclasse: *Placentarius* (placentários); ordem: *Primates* (primatas); parvordem: *Catarrinhi* (catarrinos); *superfamilia*: *Hominoidea*; família: *Hominidae* (hominídeos).

Somos primatas, mais concretamente, somos símios e, como tais, mamíferos basicamente visuais, inteligentes, diurnos, tropicais, florestais e arborícolas. Muitas de nossas características morfológicas, etiológicas e etológicas respondem a esta definição ecológica do grupo. O fato de que os humanos e, em menor grau, outros primatas, vivamos agora em climas, regiões e ecossistemas muito distanciados do cenário de nossa evolução, não deixa de ser uma anomalia que, por outra parte, é muito recente, com relação à longa história dos primatas. (Arsuaga e Martinez, 1998, p. 219-220)

Temos hoje em dia comprovações pouco discutíveis de que de todos os descendentes dos primeiros primatas, algumas ramas de *hominídeos*, desapareceram da face da Terra. Tal como acontece com os macacos até hoje — mas sempre em uma escala bem mais restrita — em nosso passado ancestral espécies diversas de *hominídeos* terão talvez até mesmo compartido territórios próximos. De ramas de primitivos *australopitecantropos* (macacos do Sul), já não primatas-macacos, mas ainda não primatas-humanos, surgiram as variedades de *hominídeos* de que derivaram os diferentes gêneros já de *homos*.

> O termo *homo* ("homem", no sentido genérico de ser humano) foi empregado por Linneu em 1758, para designar o gênero ao qual pertence a nossa própria espécie (*Homo sapiens*). Habitualmente os termos humanidade e humano(a) reservam-se para os representantes de nosso gênero, de maneira que quando perguntamos sobre a origem e evolução do gênero *homo* estamos nos referindo à origem e evolução dos humanos. (Arsuaga e Martinez, 1998, p. 229)

Até bem pouco tempo (em medida de tempos muito atuais) os fósseis mais antigos considerados como sendo do nosso próprio gênero constituíam-se de um precário conjunto de ossos de mandíbula encontrados na bacia do rio Omo, com a idade aproximada de 2,1 milhões de anos. Mais tarde, na mesma região, foram encontrados objetos de indústria de pedras com 2,3 milhões de anos. De lá para cá, ao longo dos anos 1990, foram encontrados outros fragmentos de ossos atribuídos a seres *homo*, datando ao redor de 2,3 milhões a 2,5 milhões de anos. Há controvérsias ainda se pertenceriam a seres de nosso gênero ou se a outros gêneros antecedentes de *homo*.

Existe hoje um quase consenso de que por volta de uns 2,5 milhões de anos atrás, os seres que nos dão uma origem direta já estão divididos em dois grandes tipos de hominídeos. De um lado os *parantropos*. Eles aperfeiçoaram um aparato mastigador massivo apto a processar tipos de alimentos vegetais duros e abrasivos. O *australopithecus aferensis* terá sido o seu antepassado mais ou menos direto. A outra rama desenvolve um sistema de mastigação mais aberto a diferentes alimentos. Progressivamente liberta o maxilar, que vai se preparar para a fala articulada (e o beijo). Torna o seu pescoço flexível (macacos quando caminham olham para o chão, nós podemos caminhar olhando para o céu!). Durante largos milênios não terão sido muito diferentes dos australopitecos primitivos. Mas a partir de um momento, as duas ramas se separam e de uma delas surgiremos nós, os humanos.

Das duas ramas originárias de hominídeos, os *parantropos* desaparecem da cadeia da vida. Sobram os nossos ancestrais. E esta história se repetirá outras vezes, porque mesmo depois de haver surgido na Terra um ser dotados das qualidades lembradas aqui — e a serem detalhadas ainda mais — a trajetória do homo não percorreu por muitos milênios um caminho único.

> Ao contrário, até poucos milhares de anos existiram várias espécies humanas inteligentes na face da Terra. O fato de que agora exista somente a nossa nos oferece a falsa perspectiva de que sempre foi assim, de que os nossos antepassados sucederam-se uns aos outros em uma sequência ordenada, em uma escada pela qual fomos ascendendo, degrau a degrau. (Arsuaga e Martinez, 1998, p. 326)

Acredita-se que um primeiro ser denominado pelos paleontólogos como *Homo habilis* terá surgido na Terra por volta de dois milhões de anos atrás. Um outro ancestral nosso, o *Homo erectus* terá aparecido e permanecido na Terra de um e meio milhão a trezentos mil anos atrás. Se dermos um salto que quase se aproxima de nosso "ontem" da humanidade, veremos que em tempos próximos a hoje, talvez apenas dois *homo* tenham por algum tempo convivido, o *Homo de Neandertal* e nós próprios, o *Homo sapiens*.

Existe uma aberta controvérsia sobre a real origem de uma "humanidade moderna" (em termos de ancestralidade). Alguns paleontólogos acreditam que os "humanos modernos" são originários da África e terão surgido entre 300 mil e 100 mil anos atrás. E foi a partir deste "berço africano" que a humanidade nascente espalhou-se pela Ásia, Europa, depois Austrália e, bem mais tarde, pelas Américas. Estes primeiros humanos modernos, emigrados da África, teriam se deslocado para áreas mais ao Norte. E os *Neandertais* e o *Homo erectus* teriam surgido como fruto de uma mesma linha de evolução.

Outros estudiosos de nosso passado primitivo sugerem que os *Neandertais* e os Humanos Modernos não procedem de uma mesma sequência evolutiva desde algum tipo de antecedente comum. Eles pertenceriam a linhagens evolutivas separadas desde tempos muito arcaicos.

Não há sobre este assunto consenso algum, mas acreditam alguns estudiosos de nossa ancestralidade que, um "passo final" realizado — ou ainda em realização na cadeia de transformações da vida na Terra, na direção do menos ao mais complexo, mutável e diferenciado, restou reservado à nossa espécie. Foi assumido pelo ser que não mais se especializa corporalmente em sua forma corporal, que deslocou o eixo das transformações do material para o espiritual, que desenvolveu ainda a sua mente e a sua consciência reflexiva, que começou a transformar o mundo simbólica e culturalmente para ajustá-lo a si, em vez de transformar-se corporalmente para ajustar-se ao seu mundo.

Podemos encerrar este primeiro capítulo de nosso livro. E desejo fazer isto deixando quem me leia às voltas como uma longa e bastante sugestiva passagem de um livro de uma escritora americana, Estelle Friedman. A cena descrita por ela, claro, foi imaginada. No entanto, quantas e quantas vezes algo semelhante não terá acontecido ao longo da primitiva trajetória de nós mesmos no Planeta Terra? Alguns elementos desta descrição poderiam ser a base de distinções importantes entre o homem e os seres que nos antecederam.

A estranha criatura de duas pernas aprumou-se ao sair da caverna localizada na orla inclinada do penedo, e espiou para a frente, à plena luz do Sol. Afastou dos olhos a hirsuta cabeleira de modo a poder mais facilmente observar o poço, longe, abaixo da elevada rocha calcária na qual ele se achava.

Nesse dia — há mais de meio milhão de anos — a atmosfera estava pesada de calor e umidade. Era um dia como outro qualquer, no bebedouro da planície. De tempos em tempos, vinham animais beberem ali, ou pastar a relva espessa. O visitante mais madrugador foi um tapir, grande como um cavalo. Depois veio o porco-espinho, um par de porcos e um bonito gamo de enormes galhadas.

O tímido calicotério também veio beber. Abaixou a pequena cabeça equinoide para a beira da água e desajeitadamente adiantou-se nas compridas pernas dianteiras e curtas pernas traseiras. Um hipopótamo gigante descansava preguiçosamente na água tépida, expondo ao sol ardente apenas a cabeça e o lombo.

Na jangal, logo além da planície, uma tribo de elefantes de presas retas lentamente se movia sob os carregados ramos das palmeiras e figueiras. A criatura bípede continuava à entrada de sua caverna. Não se parecia com nenhum dos bichos que vigiava tão atentamente. Ao primeiro relancear, poderíamos julgá-la um mono. O nariz era achatado; boca e dentes protuberantes. Fronte baixa, com fortes saliências acima dos olhos e do queixo meio retraído. Corpo atarracado e robusto, de metro e meio de altura.

Súbito, varou a tranquilidade a aguda voz dos símios. Porém seus guinchos de aviso chegaram tarde demasiado para o gamo pastando à beira da água: um enorme tigre-dente-de-sabre já corria através da planície e pulara no lombo do cervo. Foi breve a luta. Logo o veado estava morto. Rugia o tigre e rosnava ao estraçalhar a carcaça com as compridas presas. Quando acabou de saciar-se regou a refeição com um bom gole de água do agora deserto poço. Lambeu as queixadas e vagarosamente encaminhou-se de volta à jangal, para dormir até o escurecer.

Agora, finalmente, moveu-se a criatura bípede. Desceu do rochedo e, andando ereto, rapidamente encaminhou-se para a planura. Na mão levava tosca machadinha de pedra feita a mão. Ajoelhou-se ao lado da ensanguentada carcaça do veado e começou a cortar em grandes pedaços a carne que sobrara.

Então, com uma forte pancada do cabo de sua machadinha, rachou o crânio do animal. Levando à boca as duas metades em que ficou dividido o crânio, gulosamente chupou-lhe os miolos, nutritivos e ainda quentes.

Como fizera o tigre, com um gole de água ajudou o alimento a descer e voltou ao abrigo da caverna para dormir. Levava os pedaços de carne que cortara para se alimentar a si mesmo, e à família, nos próximos dias.

Essa criatura sem testa, sem queixo, com duas mãos e duas pernas, que andava ereto — era um homem. (Friedman, 1963, p. 7-8)

2

Nós, os Humanos

1. UM DIA, QUANDO CHEGAMOS AQUI

Em um de seus livros mais conhecidos, *Origens*, o paleontólogo Richard Leakey, junto com Roger Lewin lembra que os *Homo sapiens* terão surgido no planeta Terra há cerca de quinhentos mil anos. Mas os *Homo sapiens sapiens*, ou seja, nós mesmos, somos bastante mais recentes. Não teremos mais do que cinquenta a sessenta mil anos de presença no planeta. Sabemos um pouco já disto desde o capítulo anterior. Mas deixemos que os autores aprofundem nosso conhecimento com suas próprias palavras.

> Portanto, nossa história de caça é longa e deixou dentro de nós sua marca profunda. Podemos presumir que à medida que alguns de nossos ancestrais, há cerca de um milhão de anos, aventuraram-se da África para climas mais frios da Europa, tenham dado ênfase cada vez maior à carne. Através da transição de *Homo erectus* para *Homo sapiens*, que provavelmente ocorreu por volta de meio milhão de anos atrás, e depois para o *Homo sapiens sapiens*, cerca de 50 mil anos atrás, a caça e a colheita continuaram como estilo de vida primário, até a invenção da agricultura, há 10 mil anos. (Leakey e Lewin, 1980, p. 176)

Em algum momento surgiram os seres de que surgimos nós. Seres sem garras e sem asas, sem couraça alguma e sem a velocidade e a força de inúmeros outros que os rodeavam em seu dia a dia. Seres certamente muito mais frágeis e despreparados do que tantos outros, sempre especializados em alguma forma corporal que lhes valia de defesa-e-ataque contra os perigos do meio ambiente. Visto superficialmente, eles seriam apenas o frágil resultado de uma longa corrente de modificações que a vida fez desfiar no mundo, desde um primeiro protozoário unicelular que boiava nos oceanos. Entretanto, em seu corpo, em seu comportamento e naquilo que o introduziu no mundo, este estranho ser peludo e primitivo começou a criar as condições para colonizar o planeta que o acolheu de uma maneira até então totalmente desconhecida.

2. POSTURAS, OLHOS, MÃOS E MENTES

Em um tempo que podemos situar ao redor de 70 milhões de anos atrás, surgiram e começaram a evoluir os primeiros primatas, nossos ancestrais. Eles não seriam mais do que pequenos seres não muito diferentes de um rato. Eles primitivamente começaram a abandonar o solo da terra firme e foram viver em, e entre árvores.

Foi a partir deste momento original que por evolução lenta surgiram os primeiros macacos, os primitivos antropoides e, bem mais tarde, nós, os humanos. Tendemos hoje em dia a reconhecer como nosso ancestral mais primitivo um ser que surge na Terra a cerca de 12 milhões de anos atrás. A ele foi dado este nome:

Ramapithecus. Surgimos como sua provável distanciada descendência milhões de anos mais tarde.

O corpo deste estranho ser de quem nos originamos não se especializou em nenhuma direção tomada anteriormente pela vida. Nenhuma das partes do corpo que em outros animais virou arma de defesa ou o instrumento de fuga, foi igualmente desenvolvido e especializado no caso do *homo*. Em contrapartida, ele desenvolveu com originalidade um conjunto integrado de funções biopsíquicas que terão tornado o seu organismo ainda mais frágil, na medida em que ele evoluía. Mas ele operava transformações que condicionaram em muito as formas de comportamento e as alternativas de relacionamentos que ele pôde finalmente adotar para sobreviver no mundo e desenvolver-se nele.

Devido a prováveis drásticas mudanças ambientais na região central da África onde a aventura do *homo* teve o seu início, milhões de anos depois de nossos primeiros ancestrais terem saído do chão firme para as árvores, nossos ancestrais mais próximos desceram delas para a terra firme uma vez mais. Obrigado a descer do alto das árvores, primeiro por sucessivos momentos ao longo de um dia e, depois, de uma vez por todas, mais que qualquer antropoide o *homo* desenvolveu a capacidade de permanecer "de pé" por muito tempo, sem desequilibrar-se e sem se cansar. A posição ereta veio a se tornar uma lenta e difícil constante. Afinal, os outros macacos moravam em árvores e para elas fugiam em caso de perigo. O homem primitivo escolheu finalmente viver no chão, quase sempre fora das florestas, em campinas de capim alto. Sobre seus pés ele podia avistar ao longe e preparar-se para o ataque ou a fuga.

Suas mãos perderam muito em força, comparadas com as de outros animais, e eram extremamente menos ágeis do que as dos macacos, para saltar de galho em galho no alto das árvores. Mas elas se desenvolveram a ponto de se tornarem capazes de apreender objetos e movê-los com cada vez maior facilidade e precisão. O dedo polegar tornou-se perfeitamente oposto aos outros dedos da mão, ao contrário do que acontece com a mão de símios, em que o dedo polegar opõe-se à palma da mão. E isso facilitou muito o seu relacionamento com "as coisas do mundo". E também com os outros-da-espécie. Somos seres dotados de uma mão propícia à carícia e à ternura. Depois aprendemos a usar a nossa boca não apenas para comer e para falar, mas para deixar no rosto de uma outra pessoa o delicado (ou intenso, dependendo do caso) gesto de nosso afeto.

As várias espécies de animais enxergam o mundo ao seu redor de formas muito diferenciadas. Quase todos os mamíferos veem duas imagens quando olham para qualquer coisa, e raramente percebem com precisão objetos situados perto de seus olhos. O homem desenvolveu um modo-de-ver perfeitamente binocular e estereoscópico. Ele distingue muitas cores, enxerga bem qualquer objeto situado a apenas 20 ou 30 centímetros de seus olhos, e vê com os dois olhos apenas uma imagem de cada coisa.

Mais ainda, como nenhum outro animal, o homem consegue manter os seus olhos definidamente fixos sobre aquilo que está em suas mãos. Este pequeno fato, aparentemente sem importância, é absolutamente necessário para o exercício de uma função que se tornou cada vez mais indispensável para a sobrevivência do homem: a concentração. E, no seu rastro, a imaginação.

As mandíbulas, que mesmo nos macacos mais adiantados são ainda usadas para segurar as coisas e para a defesa, no homem são deixadas livres. Assim, elas começam a se preparar para funções que exigem uma forma de articulação muito mais complicada. Um dia o homem começaria a usar sua boca para estabelecer uma forma inteiramente nova de comunicação: a linguagem através de palavras cada vez mais carregadas de sentimentos, sentidos e significados.

Finalmente o seu sistema nervoso pouco a pouco desenvolveria teias e tessituras de interação interna que o capacitariam para o exercício de experiências e atividades mentais cada vez de "mais alto voo". Este desenvolvimento de um cérebro destinado a abrigar uma consciência reflexiva, que desaguaria em uma compreensão tridimensional do tempo, entre o passado, o presente e o futuro, atingiria no cérebro humano uma qualidade de reflexão completamente diversa do que qualquer outra forma de vida alcançou ou alcançaria antes do surgimento e do desenvolvimento do *homo*. Somos a única forma viva na Terra que não apenas lembra, mas atribui sentido e afeto ao que recorda. Somos a única espécie que de forma motivada e pessoalizada pensa o porvir e projeta o futuro. Somos, em contrapartida, a única espécie em que cada indivíduo aprende a saber que está destinado a morrer um dia.

Vimos já linhas antes que estamos diante de um ser muito pouco corporalmente especializado, e, por outro lado, flexivelmente capaz de coordenar várias partes de seu sistema de corpo-mente para fazer variarem de forma nunca vista antes o complexo de seus relacionamentos.

Este ser chamado "nós" não se adapta corporalmente, na mesma medida em que o fizeram por milhões de anos as outras espécies vivas sobre a Terra. Ao longo de sua própria evolução, ele não transforma parte alguma de seu corpo no sentido de constituí-la como uma ferramenta através da qual possa garantir a sua sobrevivência. A espécie humana escapou da extinção a longo prazo por haver sabido esquivar-se de uma superespecialização. Mas, em contrapartida, o grau de "despreparo para viver" chegou a um ponto máximo quando a vida atinge o "nível do humano".

3. SERES QUE TUDO COMEM, SERES QUE PARTILHAM O QUE COMEM

O ser humano conseguiu também escapar da armadilha da evolução especializante porque desde quando os nossos ancestrais começaram a descer das árvores, eles começaram a se tornar seres que buscavam como alimento tudo o que encontravam, onde quer que encontrassem qualquer "coisa-de-comer". A esta peculiaridade humana alguns estudiosos dão um nome estranho. Mas se chegamos até aqui foi porque aprendemos a ser um ser estranhamente onívoro-oportunista.

> Durante 2 milhões de anos, no mínimo, nossos ancestrais seguiram um estilo de vida tecnológico simples, mas imensamente bem-sucedido. A estratégia inicial do apresamento oportunista de carniça, combinada com a coleta organizada de vegetais, gradualmente evoluiu para um estilo de vida de caça e coleta, ocorrendo esta transição provavelmente há cerca de 1,5 milhão de anos atrás. (Leakey, 1981, p. 97)

Bem ao contrário dos nossos parentes próximos que se mantiveram no topo das árvores e se especializaram em dietas bastante mais restritas, quando descemos das árvores, em que folhas e frutos estão ao alcance das mãos, tivemos que aprender a buscar o alimento onde ele estivesse e fosse o que fosse. Pesquisas recentes comprovam que os primitivos humanos terão sido comedores-de-tudo durante um largo tempo de nossa primeira presença na Terra. Teremos disputado com outros animais carniceiros os restos da caça deixada pelos grandes predadores. Teremos aprendido a cruzar alimentos vegetais de uma fácil coleta com a busca incessante de carne.

No fim das contas, os grandes (macacos) antropomorfos alimentam-se quase exclusivamente de vegetais, sobretudo frutos maduros, folhas, talos e brotos tenros. Os orangotangos e chimpanzés comem mais frutos; são mais frutívoros do que os gorilas, que consomem de preferência folhas, brotos e talos. Eles são portanto, mais folíveros. (Arsuarga e Martinez, 1998, p. 168)

No entanto, em direção oposta, muito provavelmente esta escolha forçada que nos fez por longo tempo animais onívoro-oportunistas, conduziu-nos à inevitável necessidade de distribuir entre homens e mulheres as atividades cotidianas destinadas a obtenção e ao preparo de alimentos. E mais, a um crescente aprendizado da cooperação. Pode ser que, na esteira de outros primatas, sejamos geneticamente destinados a cooperar. E sobre isto muito terei que escrever neste livro e nos que o seguem. Mas em boa medida a trilha escolhida para o nosso percurso humano na Terra nos levou a experimentar formas cada vez mais elaboradas de divisão social dos afazeres-da-vida e da cooperação para realizá-los.

Finalmente, nós nos tornamos uma forma única de vida na Terra que de maneira motivada e socialmente intencional, em vez de comer a sós o seu alimento, une-se a outros para obtê-lo, come coletivamente ao redor da caça e leva partes dela para "os que não puderam vir". Retomo algumas sequentes de Arsuaga e Martinez, que nos tem acompanhado até aqui:

Há, é claro, uma atividade muito especial que é o estímulo potente para a cooperação em grupo. E essa atividade é o partilhar o alimento. Por razões muito simples, os animais vegetarianos não repartem seus alimentos. Mesmo que pertença a um grupo muito coeso, apanhará e comerá apenas sua própria porção. Quando uma refeição está demasiado concentrada, como no caso de uma carcaça de um animal morto, surge a oportunidade e mesmo a necessidade de repartir. Por exemplo, o cão selvagem africano, social por excelência, divide sua presa entre membros de seu "campo" que não tomaram parte na caçada. É intrigante descobrir que chimpanzés, em suas ocasionais incursões pela alimentação carnívora, distribuem pequenas porções de carne aos indivíduos que as imploram com persistência. Isso contrasta com o comportamento vegetariano, mais comum dos chimpanzés, quando repartem seus alimentos de modo limitado. (Arsuarga e Martinez, 1998, p. 76)

[...]

O que de fato sabemos é que alguns descendentes do *Ramapithecus* desenvolveram um grande interesse por carne, de modo que, há cerca de 2 ou 3 milhões de anos, os animais eram parte importante da dieta de alguns hominídeos. Esse fato — o comer carne — levou à partilha, o que, por sua vez, favoreceu uma coesão social maior. Mas quando, exatamente, a coesão social, mesmo na sua forma mais simples, começou a ser importante, até o momento permanece um mistério. (Idem, 1998, p. 77)

Os ossos escavados dos acampamentos hominídeos de há quase 2 milhões de anos na Garganta Olduvai, sugerem que nessa época nossos ancestrais estavam se concentrando em pequenos animais, ou nos filhotes dos de grande porte. Mas por volta de 1 milhão de anos atrás, nossos ancestrais estavam capturando presas de grande porte, em expedições planejadas de caça. Podemos apenas supor até quando e em que grau isto se estende por nossa pré-história.

O que podemos inferir da sobre a vida dos primeiros hominídeos, a partir das observações dos carnívoros que vivem hoje em dia? Basicamente duas coisas: primeira, a vantagem em termos de economia biológica, da caça em grupos; segunda, que a caça grupal implica pelo menos certo grau de cooperação, e que quanto mais sutis forem as estratégias maior será a cooperação exigida. (Leakey, 1995, p. 77-78)

Através da passagem da coleta primitiva, "estilo macaco-na--árvore", em que cada qual obtém o seu alimento e o come no ato e, sobretudo, desde a coleta onívoro-oportunista, os nossos ancestrais vão necessariamente tornando-se cada vez mais sociais e mais cooperativos e "partilhantes". Eles abandonam o hábito simiesco de cada-um-obter-o-seu-alimento e comer por conta própria, e se associam para obter, processar e partilhar o alimento. Por certo, tudo isto vai se complexificar bastante com o advento da caça ativa — quando passamos de carniceiros a caçadores — e, segundo alguns autores, vai nos fazer sair dos pequenos bandos semelhantes aos outros símios, em direção a grupos humanos bem maiores e mais complexos.

O que hoje sabemos é que de algum modo a metáfora do nosso primeiro casal de humanos no Paraíso terrestre, criado por um deus amoroso e, depois, justiceiro e implacável, traduz metaforicamente o que terá se passado com a própria humanidade.

Se olharmos com uma mente um tanto mais pontual o que terá acontecido, é bem provável que o "Paraíso" tenha sido o alto das árvores. Ali, onde com um temor bem menor de predadores noturnos, os nossos ancestrais, ainda arvícolas e vegetarianos, viviam uma "vida inocente", livres do medo (não de todos) e da necessidade de duramente lutarem para obter o alimento de cada dia.

A "expulsão do Paraíso" terá sido a lenta descida das árvores e o destino de um animal bípede, errante, carniceiro, caçador e, mais tarde, agricultor. Saídos da inocência primeira e de pé diante de um mundo hostil, perdemos caldas e mãos que agarram galhos. Mas ganhamos mãos e olhos hábeis a se somarem a mentes cada vez mais inteligentes e capazes de transformar o mundo, transformando-nos a nós mesmos.

Bem ao contrário dos macacos, os humanos dividem tarefas e os coletadores-caçadores levam parte do que obtêm para os seus acampamentos. Estes alimentos são partilhados por todos, inclusive por crianças e velhos, ou feridos. Segundo vários autores, todo este complexo foi um gesto essencial em nosso processo de hominização.

> Ainda assim, a despeito de diferenças na dieta e do meio ecológico, há muitas coisas em comum no modo de vida dos caçadores-coletores. As pessoas vivem em bandos pequenos e móveis de cerca de vinte e cinco indivíduos — um cerne formado pelos machos e fêmeas adultos e sua prole. Estes bandos interagem uns com os outros, formando uma rede social e política interligada pelos costumes e pela língua. Atingindo tipicamente cerca de quinhentos indivíduos, esta rede formada pelos bandos é conhecida como uma tribo dialetal. Os bandos ocupam acampamentos temporários a partir de onde saem em busca da sua alimentação diária.
>
> Na maioria das sociedades de caçadores-coletores, que os antropólogos estudaram, há uma clara divisão de trabalho, com os machos responsáveis pela caça e as fêmeas pela coleta de alimentos de origem vegetal. O acampamento é um lugar de intensa interação social, e o lugar onde a comida é partilhada; quando há carne vermelha disponível, esta partilha muitas vezes envolve um ritual elaborado, governado por regras sociais estritas. (Leakey, 1995, p. 67)

Em toda esta questão central em nossa trajetória de humanização, há uma questão até hoje viva na mesa das discussões. Afinal, ao se tornar um caçador o nosso ancestral desenvolveu com predominância o seu (nosso) lado violento, assassino e predador que teria marcado a humanidade para sempre? Ou, em direção oposta, por debaixo de uma atividade em sua superfície caracterizada pela violência e a morte, o que a caça social simbolicamente gerou foram os embriões de nossa vocação culturalmente aprendida de reciprocidade, partilha e cooperação? Tomando de empréstimo as ideias de um outro investigador de nossas origens, Richard Leakey — e com ele muitos outros paleontólogos e antropólogos — toma o partido da segunda direção.

(Glynn) Isaac promoveu um avanço significativo no pensamento antropológico com sua hipótese do partilhamento de alimentos, que ele publicou em um importante artigo na *Scientific American* em 1978. Nele Isaac mudou a ênfase na caça per se, como a força que moldou o comportamento humano para o impacto da aquisição e partilha colaborativa de alimentos. "A adoção da partilha de alimentos teria favorecido o desenvolvimento da linguagem, a reciprocidade social e o intelecto", disse ele em um encontro em 1982, que marcou o centenário da morte de Darwin. (Leakey, 1995, p. 69-70)

Entre a comida e a conversa, a paleontologia acredita hoje que um grande desenvolvimento da linguagem entre os seres humanos modernos — já *sapiens sapiens* — terá sido levada, entre outros, pelos seguintes fatores, em boa medida derivados das transformações no modo psicobiológico de ser do *homo*: o domínio primeiro parcial, e depois completo do fogo, e a variedade de seus usos coletivos; o cozimento dos alimentos e, de modo especial, o aprendizado do assar a carne de caça, o que reduziu em muito o tempo dedicado à alimentação (há espécies de macacos que gastam cinco vezes mais tempo se alimentando do que os humanos); a passagem utilitária do uso exclusivo ou preferencial da pedra (lascada e, depois, polida) para outros materiais da natureza; o desenvolvimento primeiro lento e, depois, progressivamente acelerado, da capacidade humana de inovação tecnológica; o incremento de condições de segurança, com o passar do tempo em que os seres humanos eram "mais caça do que caçadores", para aquele em que — entre o domínio do fogo e o de utensílios e estratégias de caça — passaram a serem "mais caçadores do que caça".

Desde momentos bem originários de nossa "estada na Terra", nós nos tornamos seres vocacionados a uma interação entre a necessidade de busca do novo e curiosidade diante do não-conhecido. E isto se traduz em nossas próprias dietas. Mesmo quando já um caçador experiente, o *Homo sapiens* nunca deixou de associar a carne de caça à de pequenos animais disponíveis — de larvas suculentas a pequenos roedores — e também a alimentos vegetais. Raros até hoje os povos com dietas unidimensionais.

> É interessante o dado de que os grupos humanos não agricultores nem ganadeiros que foram conhecidos em épocas históricas, caçam, pescam, e coletam animais e vegetais muito diversos, que variam em função de diversos fatores, como as disponibilidades do meio ou da época do ano, sem que tenhamos conhecidos casos de grupos exclusivamente caçadores ou exclusivamente vegetarianos, salvo talvez os esquimós, cuja economia descansava até há pouco quase que somente na caça e na pesca. (Arsuaga e Martinez, 1998, p. 170)

Algumas transformações sociais e simbolicamente culturais devem ser associadas às listadas anteriormente. Vejamos: o aumento grande dos locais de povoamento e de residência; o incremento do tamanho dos grupos humanos e de sua derivada complexidade social; o inevitável aumento de relações (entre guerra e paz) de formas de comércio local e regional de trocas de produtos e, a seguir, de serviços; o aparecimento de sucessivas e crescentes diferenças locais regionais de/entre sociedades e culturas; o delineamento geográfico, político e culturalmente identitário de fronteiras; o desenvolvimento extraordinário de forma de ciências, de sistemas de sentido (religiosos ou não) e de uma surpreendente arte primitiva, como a das cavernas de Altamira e de Lascoux; o aumento da quantidade e da qualidade de tempo ao ócio e a interações livres e criativas de convivência; o aumento do tempo dedicado ao "cuidado-de-si" ao lado do começo de rituais devidos a enfermos e, sobretudo, aos mortos.

Em eras já de passagem da caça-e-coleta associada a uma precária agricultura de tubérculos, para o domínio de agriculturas de cereais, a humanidade salta com a "revolução neolítica" da pré-história para a história, saltando de uma vida social centrada em pequenos bandos errantes de caçadores-coletores, para as primeiras comunidades de agricultores, os seres que viriam a construir as primeiras cidades. E também as primeiras sociedades dominadas pela divisão social do trabalho, pelo predomínio desviante do patriarcalismo e da oposição entre sociedade e poder de estado. Entre a Ásia e as Américas, ali onde os primitivos humanos dominam cereais como o trigo, a cevada, o arroz e o milho, surgem as primeiras "civilizações". Surgem com elas as cidades-estado, a acumulação primitiva e, depois, os "grandes impérios", a expansão imperialista e todos os seus derivados.

4. DO SINAL AO SÍMBOLO, DA NATUREZA À CULTURA

> Os humanos são os únicos primatas que realmente produzem instrumentos a partir de uma forma que só existe em sua cabeça, e que eles "impõem" à pedra. (Arsuaga e Martinez, 1998, p. 132)

Retomemos alguns passos já dados aqui. O *homo* primitivo não poderia sobreviver se dependesse apenas do transformar-se organicamente. Ele já era um ser passo a passo resultante de um alto nível de organização corpórea e terá surgido de um ancestral já pouco especializado também. Ele não se transforma em uma ferramenta biológica, como o jacaré ou a toupeira. Logo, ele precisou transformar as coisas de seu o mundo em suas ferramentas.

E ele começou a extrair do mundo, das coisas do mundo, os seus objetos. Coisas que se transformavam em ferramentas com as quais ele construía outras coisas, utensílios e, depois, até mesmo adornos. Objetos de seu fazer reflexivo, que, com mãos hábeis e mentes capazes de aprender, de ensinar, de imaginar e de criar o novo, ele criava e atribuía novas significações.

Há muitos milhares de anos um osso de animal foi transformado em uma clava. A esta porção do mundo transformada pela consciência do homem através de seus olhos e suas mãos damos o nome de *cultura*. E esta difícil e duvidosa palavra, *cultura*, nos espera e será central neste e em outros capítulos deste livro.

O mundo-de-vida em que surgimos no planeta Terra foi e segue sendo, imagino, uma mistura de paraíso e inferno. Mais de uma vez a espécie humana primitiva esteve bem próxima de sua extinção, e mais uma vez a imagem bíblica do "dilúvio universal" é uma boa metáfora. Passo a passo, entre erros e acertos, entre desvios de uma trajetória devida e o encontro do "caminho certo", sucessivas espécies de seres nossos ancestrais surgiram, viveram milhares de anos aqui, muito antes de o primeiro *sapiens* haver pisado o chão deste planeta. E foram contemporâneos ou antecedentes de outras espécies de *Homo*.

Como, desde um passado ao mesmo tempo muito recente, se comparado com a origem da vida na Terra, e bastante recente, se pensarmos no breve tempo em que viemos partilhar com outros seres a vida na Terra, nossos primeiros ancestrais terão descido das árvores, como terão aprendido a saltar das árvores ao chão, mas terão aprendido a dar um outro salto. No passar de uma espécie de *homo* a outra, nós logramos saltar do sinal ao símbolo, do som gutural à palavra e, em síntese, da natureza que somos, na qual existimos e da qual vivemos para um mundo humana e culturalmente construído.

Nós, os humanos, somos a própria natureza realizada em-nós, sobre-nós, para-nós e através-de-nós, como uma muito peculiar e até mesmo única forma de vida. Somos uma experiência única de ser e de existir na e como natureza. Uma espécie de animais que agem sobre o seu ambiente natural e o recriam. Uma original forma da vida natural que não poderia seguir existindo "naturalmente" a não ser criando para si um ambiente outro: humano. E desde este peculiar lugar humanamente construído, um ser social que constrói, percebe e compreende a sua própria natureza.

> Uma formiga está muito mais rigidamente programada em quanto a suas pautas de conduta que um mamífero. Nós, os humanos, formamos uma espécie muito inteligente de primatas sociais, e possuímos uma grande flexibilidade em nossa conduta, que nos permite dar respostas diferentes, baseadas na experiência ou na aprendizagem, às diferentes situações que se apresentam em nosso meio. Na vida surgem muitos problemas imprevisíveis e, portanto, a solução não pode ser encontrada nos genes. (Arsuaga e Martinez, 1998, p. 201)

Viemos a ser um ser que não apenas age, mas cria. Um ser que — como veremos com mais detalhes adiante — salta da consciência reflexa, que comparte com todos os outros animais, para uma consciência reflexiva. Um animal social que não apenas sabe, mas sabe-que-sabe. Que ao mesmo tempo pensa e conhece, na mesma medida em que se pensa pensando e compreendendo. Um ser que sabe o que sente e que sente o que sabe. Um estranho ser que não apenas aprende e conhece, mas que pensa e, pensando, reflete. Finalmente um ser que intertroca o que pensa, sente, aprende, e reflete, com os outros.

Um colibri faz isto. Nós também. Mas entre todos os outros animais e nós, os humanos, existe uma diferença essencial. Com uma enorme variedade de vivências, em todos os seres vivos existem formas de alguma percepção de si mesmo e do mundo, e de uma consciência reflexa da relação entre o ser vivo e o seu mundo.

Eles sentem, eles percebem, eles lembram, eles sabem, eles agem. Nós também.

E nós nos sentimos sentindo, como alguns deles também. Mas nós nos pensando sabendo, e nos sabemos pensando. E sabemos que sentimos e nos sentimos tomados desta ou daquela emoção porque aprendemos a nos saber sabendo. Passamos, assim, da consciência reflexa que compartimos com outros seres da vida, à consciência reflexiva, que acrescenta um "me" e um "mim" a um "eu". E que por ser assim, incorpora ao mundo uma forma original e altamente complexa de ser, de viver, de sentir e de pensar.

Um pássaro voa com um par de asas. Nós, com o surpreendente poder das nossas ideias. No momento exato da sua morte, a pequenina ave fecha os olhos, sente o coração parar de bater, cai do galho e retorna à terra. Nós, humanos, diante do saber e do sentir da morte, e de nos saber sentindo e nos sentir sabendo, cercamo-nos de anseios e de palavras, de gestos antecipados entre ritos e símbolos. Diante da morte dela, lembramos uma vez ainda a vida vivida, falamos a nós mesmos, aos nossos parentes e amigos e a Deus. Dizemos despedidas e preces. E ao cerrar os olhos, o quem ou o quê de nós deixa o corpo dado também à terra e vai para onde? Com quem? Por quê? Serge Moscovici, um psicólogo social romeno diz isto desta maneira:

> Quando se lança um olhar aos fatores internos e externos que contribuíram para a gênese do homem, forçoso é constatar que com ele se percebe uma relação diferente, um desvio qualitativo. Esta nova relação, deve-se insistir neste ponto, inclui de uma só vez um fazer e um saber concebidos pelo homem. Ele não conheceu outro tipo; não existe relação do homem com seu ambiente que não resulte da iniciativa humana, não que o homem o tenha gerado, mas porque o homem se constituiu naquilo que é, fisiológica, psíquica e socialmente, ao gerá-lo. (Moscovici, 1975, p. 11)

A *natureza* é o mundo que somos, de quem somos parte, e é também o mundo em que nos é dado viver. A *cultura* é o mundo que transformamos da *natureza*, em nós, à nossa volta e para nós.

Habitamos a Terra criando maneiras de não apenas colher os frutos das árvores e pescar os peixes dos rios, mas também de lavrar a terra e dar nomes e significados aos frutos da terra e dos rios. Como vimos anteriormente que nomes, sensações, símbolos, saberes, sentimentos, sentidos e significados. Pois para a ave que pousa num galho, a árvore é a sombra, o abrigo, a referência no espaço e o fruto. Para nós, seres da *natureza* habitantes da *cultura*, ela é tudo isto e é bem mais. É um nome, ou vários, e é uma lembrança, um objeto de estudo, uma tecnologia de cultivo e de aproveitamento, uma teoria filosófica, uma forma de crença ou fé. É a pluralidade "disto" por ser uma imagem carregada dos afetos, e é o objeto da tela de um pintor, a conta na caderneta de um lenhador, uma futura ponte sobre um rio, um poema, o lugar de um túmulo, uma possível morada de um deus, ou mesmo uma própria divindade que por um instante divide com um povo indígena uma fração de seu mundo terreno.

Estaremos lembrando aqui mais de uma vez que em duas direções diversas e convergentes podemos entender a criação da *cultura* pelos seres humanos. Em uma direção, ela representa o processo do trabalho e os produtos do trabalho humano, coletivo e social na transformação da *natureza* dada, em um *ambiente* intencionalmente criado. Trabalho, ciências e tecnologias, das mais arcaicas às mais atuais, desde as que praticam as sociedades indígenas até as geradas mais recentemente pela empresa capitalista, eis a variedade dos processos e dos produtos de *culturas* que, de maneiras ora próximas, ora distantes, colocam em contínua interação categorias de pessoas entre elas, e entre elas e os cenários em que vivem e os seres naturais com os quais contracenam suas vidas.

Na outra direção, somos uma espécie única de inventores de preceitos de vida e de princípios de regência do destino. Da mesma simples comunidade primitiva à sociedade mais complexa, sempre onde existe alguma forma de vida humana, há regras culturais. Há códigos de conduta, há gramáticas de relacionamentos entre as diferentes categorias de sujeitos sociais. E há também sistemas que interligam todos os saberes e valores da vida coletiva em todos os seus planos de existência. Por toda a parte no mundo humano há inventários de atribuição simbólica de identidade a diferentes tipos de pessoas, ao lado de pautas sociais de orientação da conduta interativa entre eles. Por toda a parte, e nos mais diversos planos da vida cotidiana, sempre há e atuam códigos de conduta, ao lado de mitos e de crenças, de contos e de cantos, de poemas e outras falas que traduzem ideias, ideologias, éticas e religiões. Os pássaros vivem do som de seus cantos, enquanto nós vivemos dos sentidos que damos às palavras dos cantos que cantamos. Em outro capítulo deste livro, esta vocação humana de criação de seu próprio mundo de vida será bastante aprofundada.

Assim, saída do barro e da água, da matéria da natureza para as mãos e mentes dos seres humanos que somos, a *cultura* está presente nos atos e nos fatos através dos quais nós nos apropriamos do mundo natural e o transformamos em um mundo humano, tanto quanto nos gestos e nos feitos com que nos criamos a nós próprios. Com que cada um de nós passa de um indivíduo biológico de sua espécie a uma pessoa cultural de sua sociedade, na mesma medida em que criamos os nossos próprios mundos e os dotamos, e a nós próprios, de identidades e de significados.

Podemos pensar também que a cultura está presente mais no *que* e no *como* nós nos comunicamos, dizendo as palavras, ideias, símbolos e significados entre nós, para nós e a nosso respeito, do que no que nós fazemos *em* e *sobre* o nosso mundo natural, ao nos organizarmos socialmente para viver nele e transformá-lo. Ao alçarmos a vida do reflexo à reflexão e do conhecimento à consciência, nós acrescentamos ao mundo o dom do espírito. Com ele e através dele nós nos tornamos senhores e servos do sentido. E também os criadores de uma vida regida não apenas pelo sinal e pelo instinto, como entre os outros animais, mas pelo símbolo e pelo sentido dado ao sentimento.

Somos uma espécie única que ao longo da história da humanidade, e também em cada pequenino momento da vida cotidiana, estamos a todo o tempo criando e recriando as teias e as tramas dos nossos símbolos, dos nossos infinitos saberes e dos nossos eternos e efêmeros significados. Imagens compartidas e ideias partilhadas com que buscamos respostas às nossas perguntas, estabelecemos sentidos para as nossas vidas, consagramos princípios para a nossa múltipla convivência e nos impomos códigos e gramáticas de preceitos e regras, para muito além dos simples atos dos trabalhos de nossa pura e simples sobrevivência biológica. Enfim tudo o que entre os macacos e os anjos precisamos inventar para podermos viver no único mundo que nos é possível: uma sociedade humana e as suas várias culturas.

Seres do mundo natural, e simbolicamente opostos a ele, como sujeitos sociais de cultura, vivemos a própria natureza como uma trama de símbolos e de significados. Lembramos linhas antes como, ao vizinho macaco, a árvore é um sinal natural referente, uma fonte de alimentos e um local de abrigo. Mas para mim, seu parente humano, ela pode ser isto e bem mais: o logotipo de minha camiseta, e símbolo de meu amor pela natureza, uma bandeira de luta, a mercadoria de meu antípoda capitalista e madeireiro, uma das razões de ser de um "código florestal", um momento de contemplação do mundo, a palavra de um poema, a memória de um momento de antigo amor, a metáfora do bem da vida e, por isto mesmo, um ser digno de todo o carinho e de todo o direito a ser preservado em sua íntegra, ou o altar da presença do rosto de um deus.

> A tendência evolucionária que culmina na mente humana revelou-se simples, bem organizada e biologicamente econômica. Assim como o corpo humano escapou às restrições da extrema especialização, assim também o cérebro humano progrediu graças à sua flexibilidade. O segredo da mente humana consiste em que, em vez de ter habilidade para aprender as variantes de tarefas *específicas*, ela tem simplesmente a *capacidade* para aprender, para adaptar-se a qualquer situação ambiental.
>
> Os animais precisam recolher informações sobre o que está fora de suas cabeças, de tal forma que possam construir dentro delas algum tipo de representação do ambiente exterior. O mundo de um animal é tão real quanto às informações que ele canaliza para o seu cérebro. Quanto mais informações o cérebro recebe, mais real será o mundo reconstruído. (Leakey e Lewin, 1980, p. 192; grifos dos autores)

5. A EXPERIÊNCIA HUMANA COMO REALIZAÇÃO E COMO DILEMA

De onde quer que tenhamos vindo, da areia dos mares ou da poeira das estrelas, das mãos de um deus ou da colisão ao acaso de matérias-energias em movimento, não somos intrusos aqui na Terra. Mas também não somos os seus senhores absolutos. Somos a própria múltipla e infinita experiência da natureza realizada como uma forma especial de vida: *a vida humana*.

Sabemos já que da mesma maneira como boa parte dos outros animais, somos corpos dotados da capacidade de reagir ao seu ambiente. Seres que aprenderam a se locomover nele em função das mensagens que captam dele através dos seus sentidos. E também por meio de atos com os quais deixamos, a cada dia e ao longo de uma biografia pessoal ancorada em uma história coletiva, a nossa marca momentânea em momentos e porções de nosso mundo.

Quando os primeiros ancestrais de quem descendemos viviam a esmo na beira dos riachos, ainda sem casas e sem o domínio do fogo, já então os pássaros eram construtores de sábios ninhos. Entretanto, hoje, os seus descendentes constroem os mesmos ninhos, da mesma maneira. Enquanto isso nós, os humanos, saímos do alto das árvores e de dentro das cavernas para inventar sobre todos os quadrantes da Terra — das areias do deserto aos gelos do Norte — uma diversidade enorme de habitações e de modos sociais de habitar. Eles fazem casas com os seus corpos, enquanto nós criamos primeiro em nossas mentes as casas que depois edificamos sobre o chão de terra.

Ao sermos quem somos e ao nos havermos transformado nos seres da espécie que resultamos ser, após tantas e tão dramáticas mudanças ao longo de alguns poucos milhões e de muitos e muitos milhares de anos, não somos nem seres da pura natureza, e nem seres situados culturalmente fora ou acima dela. Não somos nem antas e nem anjos. Somos seres da natureza transformada pela cultura que criamos para sermos seres social e significativamente existentes no planeta Terra.

De modo algum o mundo natural nos aparece em sua "naturalidade" feliz ou terrível, como não deve apresentar-se e ser percebido por um pé de cedro, uma arara ou um macaco. Pois além das diferenças biológicas de percepção do mundo entre as espécies de seres vivos, para nós qualquer dimensão da natureza será sempre um ambiente percebido através de uma cultura, e também um "lugar de viver" construído como uma dimensão da natureza tornada parte de um modo humano de vida. Isto é, uma dimensão de meio ambiente transformado e culturalmente socializado, para de alguma maneira fazer parte dos mundos sociais que construímos para viver e para conviver. Mundos de vida que criamos e aos quais atribuímos sentidos. Ideias e valores, preceitos e princípios compartidos e dados a nós mesmos, aos nossos outros e ao mundo onde partilhamos nossas vidas e destinos.

Ora, em quase todas as tradições ocidentais, um dos antagonismos que desde Aristóteles tem sido mais persistentes entre nós, é justamente aquele que opõe a natureza à sociedade e, portanto, o *meio ambiente ao ambiente cultural*. E isto acontece porque nós, os humanos, somos os seres mais desencontrados e indefiníveis nesta e através desta aparente oposição original e irreconciliável. Porque — e volto a isto uma vez mais — nós somos, ao mesmo tempo, em nossa origem, em nossa essência e em nossa existência, *seres da natureza* — seres de uma espécie em tudo e por tudo *natural* — e também *sujeitos da cultura*. Seres que à diferença de todos os outros, constituem-se e se pensam como atores-autores de sua própria vida. Apenas agora estamos nos aproximando de compreensões que em vez de realizarem uma persistente oposição entre natureza-e-cultura, busca compreender que uma e outra são, em nós, entre nós e entre nós e tudo o mais, dimensões, elos e tessituras de uma mesma realidade.

Retomemos passos para tornar isso tudo mais compreensível. Os animais possuem, como nós, um tempo-de-vida. Alguns vivem efêmeros segundos ou minutos. Outros duram na vida e na Terra muito mais do que os seres humanos. Uma diferença importante entre eles e nós é que cada macaco possui nele próprio a sua própria vida. Enquanto nós, os seres humanos, possuímos em nós, para nós e para os nossos outros, ao mesmo tempo: uma vida, uma biografia e uma história. Somos seres de uma vida que para ser possível tal como a vivemos, acontece e realiza-se como uma forma própria de existir *na* e *como* natureza e, ao mesmo tempo, em uma aparente ou real oposição a ela.

A partir de algum momento de nossa existência nós realizamos a escolha de nos tornarmos seres de uma vida que nos parece ser possível, plausível e compreensível, justamente porque a nossa vida humana se separa *da* e se opõe *à* natureza, gerando sobre a Terra um projeto único e irreversível de existência. Jamais voltaremos a ser como os animais; jamais chegaremos a ser como os anjos.

Estudos mais recentes e uma nova compreensão de povos tribais, como os nossos indígenas da Amazônia, desvendam que eles possuem uma compreensão de si-mesmos e da interação natureza-e-cultura com um foco bastante mais *naturocêntrico* e bastante menos *culturocêntrico* do que a que criamos a respeito de nós e do mundo que construímos e em que habitamos.

Assim como vivemos nossa vida humana em sua dualidade, assim também a pensamos, quando nos pensamos a nós próprios em nossas relações com o mundo natural. E esta oposição entre dois mundos, o da natureza e o da cultura, nos leva a sentir, experimentar e pensar a natureza de que somos parte como cenários, seres e coisas separadas de nós. E deste modo vivemos quase sempre a relação fundadora e essencial de nossa própria existência, lidando com os nossos ambientes naturais não como os generosos cenários onde, e unicamente onde a nossa existência é possível, mas como contextos utilitariamente fragmentados de/entre territórios, seres e objetos a serem apropriados e transformados de acordo com as nossas necessidades e os nossos desejos.

Atravessamos uma fronteira aberta pela vida aos seres vivos apenas uma única vez. E então passamos, através de atos da inteligência e do trabalho humano, do *mundo natural* para o *mundo social*, e do *domínio da natureza* ao *domínio da cultura*. Somos seres situados de maneira única e inevitável, de um lado e do outro da fronteira que a nossa própria experiência de vida unifica como um mesmo lugar do existir. Por isto, desde sempre até hoje enfrentamos uma grande dificuldade em saber situar-nos no mundo e na vida. Os animais e os anjos não precisam perguntar nada a respeito deste dilema. Uns porque estão situados na natureza aquém da cultura. Outros porque estão situados além delas. Nós vivemos e nos perguntamos sem cessar quem somos e por que somos como somos. Até hoje nunca encontramos respostas completas, universais e definitivas. Talvez elas sequer existam...

A inocente e dramática encenação da "perda do paraíso" tal como descrita nas escrituras sagradas de judeus e cristãos talvez seja apenas uma bela metáfora do que criamos para nós próprios quando escolhemos sermos quem somos. Seres que ao serem dotados de um pensamento reflexivo, são seres ao mesmo tempo libertados dos poderes do destino e condenados ao dever do arbítrio.

Seres que por serem uma forma única de liberdade de escolha, obrigam-se a sobreviver à custa de relacionarem-se com a natureza como algo que tendo sido antes "dada", ofertada aos seres humanos, precisou logo a seguir ser intencionada, compreendida, trabalhada, conquistada e... colonizada. Uma natureza a ser, assim, transformada pelo único ser vivo que de maneira intencional a antecipa e altera, transformando o mundo em que vive e transformando-se a si mesmo em um ser ainda *na natureza*, mas um ser já *da* sociedade e *da* história.

Da mesma maneira como em nossa introdução, quero trazer uma vez mais um relato descritivo de um momento do que seria uma vida coletiva de nossos ancestrais. Agora quem nos fala é o mesmo paleontólogo que nos ajudou a chegar ao final deste capítulo.

Ao entardecer, o acampamento na margem da corrente fervilha novamente, as três mulheres retornaram com suas peles de animal carregadas de bebês e comida, inclusive alguns ovos de pássaros, três pequenos lagartos e — um deleite inesperado — mel. Felizes com seus próprios ganhos, as mulheres especulam sobre o que os homens trarão. Muitas vezes os caçadores retornam de mãos vazias. Isto faz parte da natureza da busca à carne. Mas quando o acaso favorece seus esforços, a recompensa pode ser grande, e certamente é louvada.

Em breve, o som distante de vozes que se aproximam avisa às mulheres que os homens estão retornando. E, ao julgar pelo tom de excitação na conversação destes, eles estão retornando após terem sido bem-sucedidos. Na maior parte do dia os homens estiveram silenciosamente tocaiando um pequeno rebanho de antílopes, observando que um animal parecia coxear ligeiramente. Repetidamente, este indivíduo era deixado para trás pelo rebanho e tinha que fazer tremendos esforços para juntar-se a ele. Os homens perceberam a chance de abater um animal grande. Caçadores providos de armas naturais ou artificiais, como os do nosso grupo, necessitam apenas de confiar na astúcia. A habilidade de mover-se silenciosamente, misturar-se com o meio ambiente e o conhecimento de quando atacar são as armas mais poderosas destes caçadores.

Finalmente a oportunidade apresentou-se e, sem dizer uma palavra, de comum acordo, os três homens moveram-se para posições estratégicas. Um deles atirou uma pedra com força e precisão, obtendo um impacto estonteante; os outros dois correram para imobilizar a presa. Uma estocada rápida com um pau curto e pontiagudo fez correr uma torrente de sangue da jugular do animal. O animal lutou mas em pouco tempo estava morto.

Cansados e cobertos com o suor e o sangue de seus esforços, os três homens estavam exultantes. Um depósito secreto de seixos de lava nas proximidades fornecia a matéria-prima para a fabricação de ferramentas que seriam necessárias para o esquartejamento do bicho. Uns poucos golpes precisos de um seixo contra o outro produzia lascas suficientes com que cortar, através do couro duro do animal, e expor as juntas, carne vermelha contra o osso branco. Rapidamente músculos e tendões renderam-se ao esquartejamento hábil, e os homens partiram para o acampamento carregando dois pernis de carne, rindo e brincando um com o outro a respeito dos eventos do dia e de seus diferentes papéis desempenhados neles. Eles sabem que uma recepção alegre os aguarda.

Mais tarde, naquela noite, há quase um sentido ritual no consumo da carne. O homem que conduziu o grupo de caça corta os pedaços e os entrega para as mulheres que sentam em torno dele e para os outros homens. As mulheres dão pedaços para as suas crianças, que os trocam alegremente entre si. Os homens oferecem pedaços para seus colegas, que oferecem outros pedaços em troca. O ato de comer carne é mais do que o sustento; é uma atividade de comunhão social. (Leakey, 1995, p. 80-81)

3

O artesão do oitavo dia:
o trabalho de criar um mundo humano

Presumimos o trabalho numa forma em que pertence exclusivamente ao ser humano. Uma aranha executa operações similares às do tecelão, e, através da construção de seus favos de cera, uma abelha faz corar de vergonha certos arquitetos humanos. Porém, o que de antemão distingue o pior arquiteto da melhor abelha é que ele construiu o favo em sua cabeça antes de construí-lo em cera; no final do trabalho tem-se um resultado que já existia na imaginação do trabalhador, no início do mesmo, ou seja, já existia de modo ideal. Ele não efetua apenas uma transformação na forma do real; ele simultaneamente torna real no âmbito do natural o seu propósito, que ele conhece, que determina como lei o seu modo de agir, e ao qual ele tem de submeter a sua vontade.

— Karl Marx. *O capital*

1. MÃOS QUE CRIAM GESTOS, MENTES QUE INVENTAM PALAVRAS

O título deste capítulo merece uma explicação. Sua poética imagem poderia nos levar de volta algumas páginas atrás, quando em algum momento falei sobre a "perda do Paraíso". Só que agora a mesma imagem deve ser pensada às avessas. Nossos primeiros pais não foram "expulsos do Paraíso". Eles um dia descobriram-se cansados de viver nele sem nada a fazer, sem nada a criar, a não ser a repetição monótona dos gestos fáceis de mãos que agarram frutas maduras de árvores que ele não plantaram. E então, em uma inesperada conversa com seu deus, resolveram dizer a ele: "o senhor já fez muito, e nós agradecemos. Mas estamos querendo virar seres humanos. Estamos querendo aprender a conhecer por nossa conta. Estamos querendo desvendar os segredos 'do bem e do mal', ainda que isto nos custe algum sofrimento. Desejamos nos debruçar sobre a terra, semear as nossas plantas e comer do que semeamos". Reconhecemos agradecidos que em seu amor por nós e por tudo o que há em toda a Terra o senhor durante sete dias criou quase tudo o que existe, inclusive nós dois. Mas agora é nossa vez. "Se você nos ama e confia em nós, volte ao seu repouso celestial e deixe que daqui em diante nós sejamos os artesãos do oitavo dia". E dito isto tomaram suas poucas coisas e saíram em busca de um mundo feito para os seres humanos, e que a duras penas os humanos iriam construir.

Retomo aqui com as mesmas e com outras palavras algo do que escrevi no capítulo anterior. E algumas palavras escritas aqui haverão também de saltar deste capítulo para os próximos.

Em algum tempo muito anterior à nossa chegada no planeta Terra outros seres da vida já a habitavam. Muitos milhões de anos antes de nossa chegada já existiam seres unicelulares, entre os vegetais primitivos e embriões dos primeiros animais complexos. Aos poucos, a natureza gerou seres vivos unitária e organicamente mais complexos e diferenciados. E seres que assim foram se tornando e transformando, porque, de espécie em espécie e na própria trajetória da evolução de cada uma delas, desenvolveram sistemas internos de interações da vida cada vez mais flexíveis, mais diversos e mais elaborados de trocas com o meio ambiente, com outros seres vivos e com indivíduos e coletividades de sua própria espécie.

Comparemos uma vez mais a solidão das tartarugas no mar com a alegre e ruidosa comunidade das araras. Comparemos, depois, um bando de araras com grupos de lobos. Comparemos, finalmente a alcateia de lobos com uma comunidade de gorilas. E, então, boa parte do que nos importa aqui começará a fazer algum sentido.

Sabemos que os grandes sáurios começaram a desaparecer da Terra quando a ecologia do planeta mudou. Pois desde cedo a vida decretou que deveriam sobreviver os seres vivos mais mutáveis e sábios, e não os mais fortes e encouraçados. Desde os primórdios da vida na Terra, saber conviver, saber criar unidades coletivas e conectivas de convivência, e saber transformar-se e transformá-las, foi o segredo da sobrevivência.

Hoje existe um já quase universal consenso científico de que, em boa medida, foi devido a mudanças drásticas dos ambientes originais da Terra que nossos ancestrais mais primitivos iniciaram em algum lugar do centro da África uma estranha e ainda não inteiramente decifrada trajetória. Sabemos também que os seres de quem herdamos a vida e a história aos poucos aprenderam a descer da segurança das árvores para virem viver entre elas e o perigoso solo. Com o passar de um longo tempo os nossos ancestrais, entre o animal e o pré-humano, aprenderam a se erguer sobre as patas de trás e a olharam de frente o sol e o horizonte. Somos herdeiros de seres peludos e com uma aparência ainda animalesca, que aprenderam a levantar o dorso, erguer a cabeça e andar em pé. Caminhando eretos sobre o chão em busca de alimento e de proteção, vimos já que nossos primeiros ancestrais souberam liberar as patas dianteiras que se transformaram em mãos aptas a lidar com as matérias da natureza. E, de geração em geração, entre as mãos e o cérebro, os nossos primitivos pais introduziram no mundo uma rara e quase única forma de possuir, de agir com e de sentir um corpo. Aprendemos a transformar *coisas* da natureza em *objetos* e, depois, em ferramentas (objetos para fabricar objetos) de um mundo novo: o *mundo da cultura*.

Ouçamos por um momento o que Carl Sagan, um astrofísico da NASA, tem a nos dizer a respeito de nós próprios e de nossa evolução, quase ao final de um de seus mais belos e conhecidos livros: *Cosmos*.

Por exemplo, consideremos nossas mãos. Temos cinco dedos, incluindo um polegar em oposição. Eles nos servem muito. Penso que seríamos igualmente bem servidos com seis dedos, incluindo um polegar, ou quatro dedos, incluindo um polegar, ou cinco dedos e dois polegares. [...] Temos cinco dedos porque somos descendentes de um peixe devoniano que possuía cinco falanges ou ossos em suas barbatanas. Se tivéssemos descendido de um peixe com quatro ou seis falanges, teríamos quatro ou seis dedos em cada mão e acharíamos perfeitamente natural.

[...]

Há vinte milhões de anos, nossos ancestrais viviam em árvores, descendo mais tarde porque as florestas retrocederam durante a era glacial e foram substituídas pelas savanas. Não é muito bom estar bem adaptado à vida nas árvores se não há muitas. Muitos primatas arvícolas pereceram com as florestas. Poucos mantiveram uma existência precária no solo e sobreviveram.

[...]

Após termos descido das árvores, evoluímos para uma postura ereta, nossas mãos ficaram livres; possuímos uma visão binocular excelente — adquirimos muitas pré-condições para fazermos ferramentas. Existe agora uma vantagem real na posse de um cérebro grande e na comunicação de pensamentos cósmicos. [...] Os seres mais inteligentes podem resolver melhor os problemas, viver mais e deixar mais descendentes; até a invenção das armas nucleares, a inteligência ajudou de forma definitiva a sobrevivência. Em nossa história foi alguma horda de pequenos mamíferos furiosos que se escondeu dos dinossauros, colonizou os topos das árvores e mais tarde fugiu para o solo domesticando o fogo, inventou a escrita, construiu observatórios e lançou veículos espaciais. (Sagan, 1984, p. 282-284)

Devemos observar que estas palavras da escolha de Carl Sagan não são consensuais. Outros estudiosos do passado remoto da vida e das origens da vida humana na Terra acreditam que quando nossos ancestrais viviam sobre árvores no interior de grandes florestas do centro da África, houve um momento em que o choque tectônico provocado pelo encontro do que hoje em dia é a Índia, com o continente asiático, provocou uma severa variação geológica, climática e botânica no continente africano, inclusive pelo surgimento da Cordilheira do Himalaia, que impediu que ventos unidos chegassem até lá. Em muitos milhares de anos florestas transformaram-se em savanas e a vida nas árvores tornou-se impraticável.

Vá até um espelho e veja o seu rosto com outros olhos. Você é o perfeito retrato dos seres em que nós, os humanos, nos transformamos. Veja bem. Em você... em nós, os olhos estão situados bem na frente do rosto. E eles enxergam uma só imagem em foco, de muito perto até muito longe. Apenas nós vemos o mundo assim. Nossos frágeis olhos percebem uma extrema variedade de cores e de tons, para muito além das cores do arco-íris. Alguns antropólogos afirmam que os esquimós conseguem distinguir mais de quarenta tonalidades de gelo e neve.

Foram talvez esses olhos, progressivamente aptos ao olhar atento e à concentração, os que começaram a preparar em nós um cérebro humano adequado ao salto do *sinal* (a fumaça, "sinal de fogo") ao *signo* (o desenho de uma fogueira em uma placa de estrada) e dele ao *símbolo* (como a palavra "fogo" e a frase: "cuidado com o fogo"). E, deles, às atividades do corpo e da mente decorrentes do fato de percebermos o que vemos, pensarmos o que percebemos e refletirmos sobre o que pensamos. Nós nos criamos aos poucos como seres do pensamento, da sensibilidade, da reflexão, da memória, da imaginação, da antevisão (o seu cachorro nunca se "preocupa com o futuro", como você) e da comunicação. E foi ao interagir tudo isso que os nossos primeiros pais saltaram dos ruídos do grunhir às palavras do dizer. A nossa mandíbula, muito parecida originalmente com a dos macacos, perdeu aos poucos a força da boca dos símios e ganhou a frágil e sutil destreza que mais tarde irá acolher dois milagres humanos: o beijo e a fala.

Mais do que tudo, em nosso maravilhoso e delicado aparato biopsicológico, o cérebro humano, com o passar não apenas de milhares, mas de milhões de anos, aprendeu a dobrar e triplicar a nossa capacidade craniana. E ele não apenas cresceu muito, enquanto os cérebros de gorilas e chimpanzés estacionaram. Ele cresceu tornando-se cada vez mais complexo e mais diferenciado. Cresceu criando espaços e conexões de bilhões de sinapses através das quais fluem tanto os choros de um bebê quanto as teorias de um filósofo. E, assim, pouco a pouco nossas mentes aprenderam a orientar e dirigir — sobretudo após o salto humano da *natureza à cultura* — as suas próprias transformações. Transformações em direção a uma progressiva perda de saberes instintivos (e nisso um cavalo ou um cachorro nos superam de longe), em favor de um ganho crescente de áreas e interações cerebrais que abrigam e desenvolvem quase tudo aquilo que, interagindo *em nós* e *entre nós*, nos foi tornando seres humanos.

Podemos reunir essas mudanças que nos tornaram seres humanos através de algumas palavras que fazem parte de nosso dia a dia. E elas povoam, com os mesmos ou outros nomes, importantes e controvertidos conceitos das diversas teorias das ciências humanas e sociais. O que nunca deve ser esquecido é que somos quem somos não somente porque desenvolvemos de uma maneira muito especial cada um dos atributos da sequência de atributos humanos enumerados logo a seguir. Nós nos tornamos quem somos porque aprendemos a fazer "isto", fazendo tudo o que é nosso e existe em nós, interagindo segundo padrões únicos de conexões e de integrações.

E quais são eles? Eles são: a *sensação* — o saber do mundo e dos outros percebendo não apenas "coisas" mas infinitas modalidades de relações entre "cosias" e entre elas e "seres"; o *sentimento* — a nossa capacidade de sentir, de emocionar-se, de fazer-se ser afetivo, atribuindo sentido ao que se sente); o *saber* — como o conhecer, aprendendo a reaprender e a criar e integrar conhecimentos; a *sensibilidade* — a interação peculiarmente humana entre sensações, sentimentos e saberes; o *significado* — o aprender a saber atribuir e compartir valores e sentidos de si-mesmo, da vida, do destino e do mundo); a *sociabilidade* — nossa inevitável vocação de criarmos, destruirmos, transformarmos e recriarmos os grupos e os mundos sociais *em* que todos e cada um nós vivemos.

E mais. Como uma intricada síntese de "tudo isto", o ascender humano à linguagem. A uma fala articulada através da qual não nos comunicamos apenas emitindo sinais (piando, grasnando, relinchando, mugindo etc.), mas dizendo com palavras mensagens carregadas dos símbolos que tornam compreensíveis e reciprocamente partilhados nossos sentimentos, nossas sensações, nossos saberes, nossos significados, nossos sentidos e nossas sociabilidades.

> Somos, os seres humanos, os únicos organismos que falam. Isto é, transmitimos a nossos semelhantes, e recebemos deles qualquer tipo de informação nova, codificando deliberadamente nossas mensagens em combinações (palavras) com sons pré-estabelecidos (sílabas). O restante dos animais somente são capazes de intercambiar informações muito concretas sobre alguns aspectos de suas vidas, empregando para tanto um sistema limitado de sons e gestos que não estão codificados de maneira intencionada. (Arsuaga e Martinez, 1998, p. 301)

Hoje sabemos que as irreversíveis transformações do corpo humano não foram e nem seguem sendo um mero acontecimento biológico causador de todos os outros. Ao contrário, é justamente porque os nossos ancestrais aprenderam a criar e transformar modos de viver e conviver cada vez mais simbólicos, mais complexos e mais flexíveis, que eles fizeram evoluir, ao longo de milênios, a fisiologia e a anatomia dos corpos dos primeiros *hominídeos* e dos seres que passaram da experiência deles às de nossa própria espécie. A de um ser de quem somos herdeiros e que somos nós mesmos. Um ser que, como vimos já, a si mesmo resolveu um dia denominar-se: *Homo sapiens sapiens*.

Humberto Maturana, um biólogo e educador chileno com quem iremos nos encontrar bastante ao longo desta série de livros, em lugar de "sentimento", prefere a palavra "emoção". E, segundo ele, é a própria emoção quem irá nos estabelecer na Terra como animais humanizados. Seres tornados humanos não tanto pela razão ou pelo sermos "políticos", como em Aristóteles, mas por sermos seres que solidariamente ascenderam à linguagem e às palavras. Seres que para chegarem a tanto foram e seguem sendo regidos pela *emoção*. E por sermos seres em que a emoção essencial é o *amor*.

Voltaremos a ele nestes livros... E ao amor!

2. UM SER QUE PARTILHA A COMIDA, AS PESSOAS E AS PALAVRAS

E assim foi. E foi porque os seres humanos desenvolveram alternativas únicas de *comunicação com o outro*, associadas a diferentes modalidades de atribuição de significados a si-mesmo e aos outros, ao lado da criação de variantes muito especiais de vida--em-comum, que ao longo do tempo os nossos corpos se alteraram para acolher o *símbolo*, a *fala*, a experiência do *grupo humano* e a criação de *comunidades sociais*. Formas de vida em comum situadas muito além das coletividades dos primatas, e mesmo dos macacos antropomorfos.

Vimos já que nós nos transformamos organicamente até o ponto em que nos tornamos criadores de *cultura*. De culturas. E quando ascendemos a ela, a própria *cultura* tornou-se um fator essencial nas transformações biológicas de nossa espécie.

Assim também, desde os primórdios de nossa presença no planeta, a experiência da transmissão interativa e social do saber, através do ensino e da aprendizagem, recebeu em nossa complexa vocação de viver um lugar sempre inevitável e central — entre consenso e conflito, acolhida e rechaço, amor e temor, guerra e paz. Podemos repetir e completar: não somos humanos porque somos seres puramente racionais e sociais. Somos humanos e somos humanamente racionais — criadores de palavras e de ideias — e sociais — criadores de comunidades e de vidas sociais — porque somos seres contínua e infinitamente aprendentes. Os animais aprendem para se adaptar aos seus mundos naturais. Nós, para nunca estarmos inteiramente adaptados a nada.

Sabemos que da mesma maneira como as plantas e os outros animais, somos corpos dotados da capacidade de reagir ao nosso ambiente natural. Tal como eles, aprendemos a nos locomovermos sobre a terra, sobre as águas e nos ares, utilizando o nosso próprio corpo. Ou associando o corpo a artefatos que construímos através da ação de nossos corpos e de nossas mentes sobre as matérias e as energias do planeta, em função de mensagens que captamos do mundo através dos sentidos e através de gestos interativos e de atos práticos e funcionais por meio dos quais tanto uma bactéria quanto um cavalo, e quanto nós mesmos, deixamos a nossa marca de presença em nosso mundo.

No entanto, entre todos os outros animais e nós existe uma diferença essencial. Uma ou algumas. Com uma enorme variedade de vivências de nossa misteriosa e partilhada capacidade de reconhecer os sinais da Terra e da vida, e de responder a eles das mais diversas maneiras, em todos os seres vivos existem formas de uma *consciência reflexa* da relação entre o ser e o seu mundo. Veremos no último capítulo deste livro uma teoria que amplia a consciência, em seus vários graus e modalidades, não apenas aos seres vivos. Toda a matéria-energia do Universo e o próprio Universo no seu todo — em sua verdadeira realidade — é dotado de alguma dimensão de consciência. Tudo o que é existe como consciência.

De um manacá a um macaco, a vida sente e se sente através dos seus seres. Eles sentem, eles percebem, eles lembram, eles sabem, eles agem. Nós também. Mas com uma originalidade bastante especial. Eles, plantas e animais sentem, e agem. E nós nos sentimos sentindo, como muitos outros seres vivos. Mas nós nos pensamos sabendo, e nos sabemos pensando. E sabemos que sentimos e nos sentimos tomados desta ou daquela emoção, porque aprendemos a nos saber sabendo.

Passamos, assim, da *consciência reflexa* (perceber, sentir, saber e reagir) que compartimos com outros seres da vida, à *consciência reflexiva*, que acrescenta um *me* e um *mim* a um *eu*. Voltarei a isto algumas vezes aqui. E com quase um exagero, no último capítulo deste livro.

Em um livro que fala de um músico, *Ensaio poético Tom e Ana Jobim*, encontrei esta curiosa quadra.

> *Na ilha deserta o sol desmaia*
> *Do alto do morro vê-se o mar.*
> *Papagaio discute com jandaia*
> *Se o homem foi feito pra voar.*

A quadra contém um infantil e evidente absurdo. E também uma suspeita que afinal se confirmou. Papagaios falam sons, mas não palavras. E jamais discutem seja entre eles, seja com jandaias, muito embora elas sejam também psitacídeos, como as araras e os periquitos. Leonardo da Vinci passou a vida invejando pássaros que aprendiam a voar desde cedo, enquanto ele, um sábio homem de seu tempo, caminhava lentamente pela terra. E tentou por anos a fio construir uma máquina com asas como as dos pássaros (depois, como as dos morcegos) para voar como eles. Nunca conseguiu. Muitos outros tentaram a mesma coisa... e não saíram do chão.

Entretanto, ele via os pássaros que lá do alto talvez o vissem também. E enquanto os pássaros viam e percebiam um homem, o homem que os via percebeu os seus voos, pensou sobre "aquilo", imaginou-se voando, sentiu o desejo de voar, sonhou uma máquina. Pensou a máquina voadora, desenhou-a no papel e a construiu. Ele fez o que você e todos os seres humanos saberiam sentir, pensar e fazer, cada um a seu modo, cada um de acordo com seus dons e a sua vocação. E um dia o homem construiu as máquinas com as quais, sem asas no corpo, mas fabricante de asas, ele começou a voar.

Pois um pássaro voa com um par de asas. Nós, com as asas de nossas ideias e os voos de nossa imaginação. Como já dissemos, no momento exato de sua morte, a pequenina ave fecha os olhos, sente o coração parar de bater, cai do galho, cessa de viver e volta à terra. Nós, os seres humanos, diante da mesma morte, nos cercamos de palavras, de gestos, de ritos e de símbolos. Lembramos uma vez ainda a vida vivida, falamos a nós mesmos, aos nossos familiares queridos e a um deus. Entre preces e prantos dizemos despedidas e palavras de dor e de esperança. E ao cerrar os olhos, o quem ou o quê de nós deixa o corpo dado também à terra e vai para onde? Por quê? Em nome de quem?

Livres, porque somos uma *consciência* que pensa e *se* pensa, somos a aventura, a glória e o terror de termos de viver dentro de três tempos: o passado, o presente e o futuro. Vivemos o presente entre outros tempos, enquanto tudo o que vive à nossa volta contenta-se em viver um só e instantâneo presente. Por isso as vacas comem capim, enquanto nós nos alimentamos de folhas de alface, chocolates, hóstias consagradas, panetones na Páscoa, cápsulas de vitaminas e gotas de antidepressivos.

Um animal vive cada momento do presente momentâneo e fugaz, vivido como se ele fosse sem fim. Suprema felicidade! Em nós, quantas vezes uma lembrança ruim de um passado distante nos rouba o sono do presente! Mas em quantas outras vezes, em nome de um sonho de um futuro velamos outras noites e noites lendo, pensando e estudando.

Quero lembrar, aqui, uma outra diferença importante. Dentre toda a imensa variedade de seres da teia da vida, somos a única espécie que em vez de transformar-se fisicamente para se adaptar ao mundo natural, começou a transformá-lo de maneira motivada e intencional, para adaptá-lo a nós. Lembremos: castores fazem diques na água. Formigas constroem cidades debaixo da terra e abelhas realizam há muitos milhões de anos colmeias que são verdadeiros modelos de arquitetura. Mas em todos estes e outros animais construtores, o *fazer* não é um *criar*. Ele é uma extensão instintiva das leis de comportamento da espécie, impressas no corpo de cada indivíduo que a ela pertence.

Quando os primeiros seres de quem descendemos viviam a esmo, desvalidos e precariamente acampados na beira dos riachos, já os pássaros eram construtores de sábios e seguros ninhos. O tempo passou para eles e para nós. Eles seguem construindo *naturalmente* os mesmos ninhos, enquanto nós inventamos sobre todos os quadrantes da Terra uma variedade enorme de habitações. E nos últimos anos ensaiamos no espaço sem ar e sem gravidade as primeiras moradias fora do planeta. Um gavião alça voo e vai de onde está até a próxima árvore. Nós que fisicamente não podemos voar, construímos espaçonaves e começamos a sonhar com desvelar com o conhecimento e, quem sabe um dia?, lançar-se na aventura de viajar começar a habitar o Universo.

Retomemos de novo uma palavra já nossa conhecida de páginas anteriores. Podemos dar o nome de *cultura* a esta diferença entre o *fazer reflexo* dos animais e o criar reflexivo dos humanos. A *natureza* (como a de uma pedra) é o mundo de quem somos, e é o mundo em que nos é dado viver. A *cultura* (como uma pedra polida e transformada em um adorno ou em uma arma) é todo o mundo que transformamos da natureza, em nós e para nós.

Quando o Deus das escrituras sagradas de judeus, muçulmanos e cristãos, disse aos seres vivos "Crescei e multiplicai-vos", eles e também nós respondemos com a disseminação natural deles e de nós mesmos pelos quadrantes da Terra. Quando ele disse: "habitai toda a Terra", os animais responderam ocupando nichos ecológicos propícios a cada espécie, e adaptando-se a ele. Ou, então, perdendo a capacidade de adaptar-se, e desaparecendo da vida e do planeta. Enquanto os homens responderam transformando os seus mundos de vida e a si mesmos. E aos poucos povoaram todos os recantos da Terra, dos trópicos aos polos, criando formas de colher frutos das árvores, de pescar os peixes dos rios, e também de lavrar a terra, construir moradias e dar aos seus frutos e aos peixes dos rios nomes.

3. DUAS FACES DA CRIAÇÃO DA CULTURA

Ora, se ousarmos simplificar bastante algo que entre antropólogos de ontem e de agora tem sido motivo de amplos e nunca consensuais debates, de duas maneiras diversas e convergentes podemos entender a *criação da cultura* pelos seres humanos. E elas não se opõem necessariamente, podendo até mesmo uma delas completar a outra.

Em uma primeira direção, a *cultura* é e representa o *processo do trabalho* e dos *produtos do trabalho*, na transformação de uma *natureza* pré-existente em um mundo intencional e inteligentemente gerado, construído, criado pela ação humana. Pensamento, projeto, trabalho, ciências, tecnologias, artes — das mais arcaicas às mais atuais, das que praticam até hoje as nossas sociedades indígenas, até as criadas mais recentemente pela empresa capitalista "de ponta" — eis aqui eixos e elos dos processos e dos produtos da cultura. *Das diferentes culturas.*

A casa construída em qualquer lugar é um produto do saber, do labor e do trabalho humano através de um momento do *socializar a natureza* e criar *mundos de cultura*. E realizar "isto" através de processos culturais que envolvem as mais diferentes tecnologias de relações com forças, energias e matérias da natureza, todas elas fundadas em princípios de conhecimentos de diferentes saberes entre as artes e as ciências.

A socialização da natureza pode receber aqui um sentido também político. Mas "político" em seu sentido mais ancestral. Lembremos que pelo menos desde Aristóteles, nós somos, os seres humanos, habitantes de coletividades naturais, como os macacos, e também criadores de comunidades sociais que constituímos e transformamos para viver.

Ao acendermos no chão, intencional e motivadamente, uma pequena fogueira com alguns gravetos colhidos na mata, nós socializamos a natureza em pequena escala. Ao transformarmos uma floresta em uma cidade, nós a socializamos em uma grande, e não raro predatória — escala. O pão que você comeu nesta manhã é uma fração de natureza socializada pela cultura. O fato de comê-lo à volta de uma mesa, conversando com as "pessoas da casa", é uma outra dimensão de socialização cultural da vida.

Hoje em dia, tendemos cada vez mais a considerar a *cultura* não tanto como os *produtos materiais* da ação dos homens sobre a *natureza*, mas como os *processos sociais*, partilhados mentais e simbólicos através dos quais nós estamos continuamente criando, desconstruindo (muitas vezes destruindo) e recriando redes, teias e tramas de palavras e de ideias, de símbolos e significados com que erguemos de nossas mentes e levantamos do chão os nossos mais diversos e convergentes humanos. A cultura não é uma coisa e nem um sistema de coisas. Não é um poder e nem uma forma de controle. Ela é, antes, um contexto, um acontecer da vida humana transformada naquilo que a torna compreensível e comunicável *para* nós mesmos e *entre* nós mesmos.

> Como sistemas entrelaçados de signos interpretáveis (o que eu chamaria símbolos, ignorando as utilizações provinciais), a cultura não é um poder, algo ao qual podem ser atribuídos casualmente os

acontecimentos sociais, os comportamentos, as instituições ou os processos; ela é um contexto, algo dentro do qual eles podem ser descritos de forma inteligível, isto é, descritos com densidade. (Geertz, 2013, p. 10)

Em uma outra direção, podemos compreender que o primeiro e mais essencial *trabalho da cultura não é aquele que os seres humanos realizam sobre a natureza, transformando-a, mas* é aquele que eles realizam sobre si-mesmos, ao mesmo tempo em que agem sobre o seu meio ambiente, transformando-o.

Até onde logramos compreender os mistérios da vida e de seus desdobramentos, acreditamos que somos aqui na Terra a única espécie de seres vivos que transcendeu o domínio das *leis biológicas* impressas geneticamente sobre cada um e todos os participantes de um grupo de plantas ou de animais. Seres vivos de quem recentes e desveladoras descobertas da genética têm revelado mistérios até há pouco tempo impensáveis. Ora, para além dos outros seres da vida, o *homo* viu-se obrigado a realizar um salto diante do qual pararam até mesmo os macacos mais semelhantes a nós. Que passagem? Qual salto? O de havermos aprendido a criar um mundo de relacionamentos entre pessoas e de interações entre grupos de pessoas que associam às leis biológicas do código genético de nossa espécie, a sistemas, códigos e gramáticas de *regras sociais*.

Até os pequeninos animais de vida social mais complexa e elaborada, como as abelhas e os cupins, e mesmo entre os animais que associam uma vida social complexa a uma plasticidade de inteligência e de comportamento interativo muito expressiva, como lobos e macacos, todos eles vivem a experiência de um existir *coletivo*, segundo códigos inteiramente *naturais* de controle de seus impulsos, seus afetos, seus saberes e suas condutas.

Nós fomos um tanto além. Somos uma espécie única de criadores de diferentes estilos de vida, de padrões de conduta, de sistemas de valores, de preceitos e de princípios, de regras de comportamento, de códigos de conduta, de gramáticas de relacionamentos, e de categorias diferenciais de identidades.

Somos, os humanos, para além de simples sistemas culturais de codificação de interações e relacionamentos, universais criadores de contos, cantos, mitos, poemas, ideias, ideologias, éticas, artes e religiões. Sistemas de saber, de sentimento e de sentido, com o que continuamente estamos nos dizendo e declarando: quem somos e quem não somos; quem são os outros que não são "nós"; como se deve ser e comportar diante de cada outro de nossos círculos de vida; como cada categoria de indivíduo natural (como o "macho" e a "fêmea"), transformados culturalmente em categorias de sujeitos sociais (como "homem" e "mulher", "marido" e "esposa", "mãe" e "filha", "jovem" e "ancião", "nativo" e "estrangeiro") deve se reconhecer e se relacionar.

A passagem cultural da *lei* para a *regra* representa o trânsito do domínio animal *da* natureza *para* a cultura. Os animais se acasalam segundo os seus desejos, regidos pela "lei da espécie". Homens e mulheres se buscam, encontram-se, se amam, casam, transam e geram filhos, vendo, percebendo, sentindo, compreendendo e vivendo os seus desejos serem transformados em símbolos e em significados de suas culturas. Em experiências pessoais pensadas e vividas como iniciativas e rotinas culturais de acordo com os seus sistemas de valores e submetidos a princípios e códigos de relações pelos quais os *indivíduos* se transformam em... *pessoas.*

Então é quando a mulher amada torna-se a esposa; o fruto do amor em um filho, e a amorosa cumplicidade estabelecida de e através de "tudo isto", em uma família. Em algo além de uma família. Em uma rede de parentes, em uma fração de aldeia, em uma "metade" de uma tribo, em um momento de uma nação, em um sentido de uma identidade, no culto de uma fé, na partilha de uma elaborada visão do mundo.

Enfim, seja como uma resposta coletiva às necessidades biopsicológicas do indivíduo e da espécie — tal como se alimentar, sobreviver ao frio e à noite, dar sentido ao temor da morte e à alma, amar, parir e criar filhos — seja como uma exigência interposta aos homens pela própria vida social, o fato é que inevitavelmente a dimensão humana da existência inaugura no mundo uma constante e crescente tensão. Ela é a tensão e é o dilema de pendularmos sempre entre o dado e o criado, entre o cru e o cozido, entre a *lei natural* que rege a vida coletiva de um bando de orangotangos e a *regra social* que, ao lado das forças da natureza, regulou por uma primeira vez e para sempre a vida social de um grupo de *hominídeos* de quem herdamos a vida e o desafio de termos de pensar, pesar e recriar infinitamente a vida que construímos e que vivemos.

A *cultura* é e está, portanto, presente tanto nos atos e nos fatos através dos quais nós nos apropriamos do mundo natural e o transformamos em um mundo humano. Está "ali", na mesma medida em que está viva e presente nos gestos e nos feitos com que nos criamos a nós próprios, ao transitarmos de organismos biológicos a sujeitos sociais. E ao realizarmos "isto", criando socialmente os nossos próprios mundos, ao consensual e conflitivamente os construirmos através tanto do trabalho das mãos que transformam o fruto de uma planta na farinha e no pão, quanto dos padrões de conduta que prescrevem quem, em que situações, a que horas do dia, através de que gestos e na companhia de quem, pode ou deve comer o pão.

Isto é o mesmo que dizer que ao mesmo tempo em que produzimos materialmente as condições naturais de nossa sobrevivência como pessoas, comunidades e espécie, recriamos a cada momento as condições sociais e simbólicas do exercício da experiência interativa do tornar a sobrevivência uma vivência. E o tornar a vivência uma convivência dotada de valores, de símbolos, de saberes, sentidos e de significados. Eis porque dizemos em termos bastante atuais que a cultura está mais no que e no como nós nos dizemos palavras, ideias, símbolos e mensagens entre nós, para nós e a nosso respeito, do que no que nós fazemos em nosso mundo, ao nos organizarmos socialmente para viver nele e transformá-lo.

Chegamos agora ao ponto em que nos defrontamos com um belo e original sentido da ideia de nossa liberdade. Ao levarmos a vida do reflexo à reflexão e do conhecimento à consciência, nós acrescentamos ao mundo o dom gratuito do espírito. Com ele nós nos tornamos senhores do sentido e criadores de uma vida regida não pelo sinal e pelo instinto, como entre nossos irmãos animais, mas pelo símbolo e pelo sentimento.

Somos uma espécie única que ao longo de toda a história da humanidade — e também em cada pequenino momento da vida cotidiana — estamos a todo o tempo criando e recriando as teias e as tramas de símbolos e de significados através dos quais, para muito além dos simples atos dos trabalhos da sobrevivência biológica, nós buscamos sem cessar respostas às nossas perguntas.

E ao buscarmos respostas a nossas difíceis perguntas, estabelecemos sentidos ora mais efêmeros, ora mais duradouros para as nossas vidas. E consagramos valores e princípios para a nossa múltipla convivência em cada escala de nossa vida do dia a dia. E também para a longa, sinuosa e às vezes terrível trajetória da história de uma cidade, de uma nação, de toda a humanidade. E nos impomos códigos e gramáticas de preceitos e regras para podermos viver no único mundo que nos é possível: uma sociedade humana e as suas várias culturas.

Deixemos a pesquisa deste difícil desafio humano para o capítulo seguinte. Nele o dilema do que significa estarmos desde as nossas origens obrigados, ou vocacionados a viver coletivamente e a partilhar com os outros as nossas vidas, em mundos sociais culturalmente construídos, será bastante mais detalhado.

4

Ser Humano, ser recíproco:

o dilema da experiência humana

Conta Konrad Lorenz em seu livro Sobre la agresion: el pretendido mal, que Alfred Kühn concluiu uma conferência citando estas palavras de Goethe: "A maior felicidade do homem que pensa é haver explorado o explorável e haver reverenciado tranquilamente o inexplorável". Logo em seguida explodiram os aplausos do público, e Kühn alçou a voz pra exclamar: "Não senhores. Tranquilamente não. Nunca tranquilamente". (Arsuaga e Martinez, 1998, p. 331)

1. NÓS E OS OUTROS SERES DA VIDA

A janela do lugar onde escrevo neste momento abre-se para uma floresta no Sul de Minas Gerais. Ao final de algumas tardes, sobretudo agora, nos meses mais quentes, alguns grupos de macacos passam entre os galhos de diversas árvores bem à minha frente. São três as espécies de macacos que habitam esta mata de acordo com os nomes dados pelas pessoas da região: os bugios, os maiores entre todos, os sauás e os saguis, pequeninos e alegres micos, "miquinhos".

Os mais frequentes são os bugios, que quando se afrontam por disputas de fêmeas ou de territórios fazem quase tremer toda a floresta (e as vizinhas) com seus urros poderosos. Fora estes momentos, são mansos e parecem sequer nos temer. Pois do alto de suas árvores nos olham e, de vez em quando, seus olhares parecem ser de pena daqueles pobres seres sem pelos, "lá embaixo, no chão". Quase sempre os pequenos bandos chegam "em família": um macho, uma fêmea e um filhote. Quando bem pequenina a cria do bugio vem agarrada à sua mãe (nunca ao pai). Quando maior os acompanha e aprende com pai-e-mãe os segredos da floresta e de sua vida de macaco.

Este aprendizado será rápido. Em dois ou três anos o casal deixará o filho entregue ao bando e a própria mãe, prestes a parir outra cria, poderá esquecer que aquele macaquinho por quem ela vela agora, foi em algum tempo do passado um seu filhote. Macacos cuidam afetuosamente de uma cria a cada vez. E devem ser desconhecidos casos em que um pai e uma mãe cuidam de toda uma prole de anos sequentes.

Do outro lado da floresta, a não mais do que uns dois quilômetros, vive uma das muitas famílias de camponeses lavradores da região. De modo diferente dos macacos vivem todos no chão e, em vez de provisórios ninhos de cipós e lianas no alto de árvores, constroem uma casa com uma vocação de permanência muito maior. A família tem quatro filhos(as), dois "maiores de idade" e dois menores. Meninos e meninas se alternam, de sorte que é uma "mocinha" a filha mais velha e um "menininho" o caçula.

Entre a família de três seres do bando de bugios e a família nuclear de seis seres dos humanos, uma notável diferença pode ser observada. Na família humana, a chegada de uma nova "cria" altera em algo a "economia das relações domésticas". Mas a mãe camponesa ficaria assustada e, provavelmente, indignada, se alguém menos avisado sugerisse que com o surgimento de um "novo filho" ela deixou de amar e de cuidar "de cada um dos outros e de todos e todas as filhas".

Somos uma estranha espécie em que um misterioso elo de afeto une "para sempre" pais e filhos. Uma poderosa afeição que motivo utilitário algum explica torna perene o sentimento de uma gratuita relação entre pais-e-filhos. E, de maneira especial mães humanas e sua prole. O que leva psicólogos a lembrarem a pais "desviantes" que... "casamento pode acabar, mas filho é para sempre". A dor da perda de um filho de dois anos, de vinte anos, de sessenta anos traz a um par de pais um mesmo e intenso sofrimento. Uma cadela é capaz de disputar ferozmente com uma filha já também adulta um mesmo pedaço de carne. Uma mãe macaca também. Uma mãe humana alimentará primeiro os seus filhos, e comerá o que restar.

Esta relação de afeto, de amor entre pais-e-filhos observa entre os humanos uma outra direção. Em termos mais ou menos restritos ou alargados, dependendo das gramáticas sociais de cada cultura, elas tendem a se expandir. Tendem a se estender em seu eixo vertical. De tal sorte que avós amam netos e cuidam deles, se necessário. E o mesmo acontece com a relação tio-sobrinho. Da mesma maneira como descendentes são educados para amarem e respeitarem os seus ascendentes. E, quando mortos, em algumas culturas, antepassados são seres verdadeiramente cultuados. Tendem a se estender também em seu eixo horizontal. Mesmo entre as previsíveis rusgas entre irmãos, em quase todas as culturas humanas, as relações colaterais são afetuosamente marcadas, primeiro entre irmãos e, depois, entre primos e outros parentes consanguíneos (como uma prima) ou mesmo afins (como um cunhado).

Para além das redes do parentesco, relações regidas pelo desejo de estar-com estende-se desde a tenra infância a outros-não-parentes. Em praticamente todas as sociedades humanas e desde a remota antiguidade, "um amigo pode valer mais do que um irmão". E a livre amizade entre duas ou mais pessoas é celebrada desde os poemas, as epopeias e os livros sagrados de praticamente todas as culturas.

De uma a outra cultura, a vocação do afeto, sua direção interpessoal e sua extensão podem variar muito, pois os princípios de atribuição de identidade, associadas às regras de relacionamentos entre categorias de pessoas são muito variáveis. Mas não se conhece sociedade cuja substância mais original dos relacionamentos não contenha uma gratuita e voluntária carga afetiva.

Uma outra longa passagem de Richard Leakey poderá nos remeter aos nossos primórdios. De algum modo ela descreve um momento em que o embrião de nossa experiência do afeto tenha surgido.

> A pequena Lucy caminhava penosamente pela savana africana. Gerações de continuado esforço haviam permitido que este tipo de locomoção chegasse a substituir a forma quadrúpede de caminhar de seus antepassados.
>
> Carregando o seu filho nos braços, ela se sentia desfalecer, enquanto se aproximava de um grupo de acácias com espinhos que se divisavam ao fundo, sob o tórrido sol tropical.
>
> Com sua pequena estatura, apenas superior a um metro, e seus menos de trinta quilos, somente a sua astúcia lhe havia permitido esquivar-se de poderosos predadores.
>
> Carecia de instrumentos de pedra. Havia passado um milhão de anos desde que seus antepassados, os primeiros hominídeos, decidiram abandonar a proteção do bosque e adentrar-se pelas savanas que se estendiam cada dia mais, devido à grande mudança climática que estava se produzindo. Seus parentes, os antepassados de chimpanzés e gorilas, haviam preferido a segurança do bosque e ali permaneceriam para sempre. Porque o destino pertencia aos audazes a que desafiaram os perigos dos espaços abertos.
>
> Alguns dias mais tarde eles evolucionariam, desenvolveriam os seus cérebros e inteligências, fabricariam toda sorte de instrumentos, descobririam o fogo e afugentariam para sempre o leão, o leopardo e a hiena.
>
> Finalmente, conquistariam o mundo. Tudo isto aconteceria se Lucy e a sua pequena criatura sobrevivessem e se unissem ao grupo de austra-

lopitecos que a aguardavam no pequeno bosque, e que constituíam o futuro da humanidade. Lucy tinha literalmente nosso futuro em suas pernas. (Leakey, 1983, p. 18)

O nome Lucy, dado a uma imaginária pequena fêmea ancestral que nos antecedeu milhões de anos aqui na Terra, não é uma invenção ao acaso. Os pais de Richard Leakey foram também paleontólogos na África, onde desde menino Richard passou boa parte de sua vida. Sua mãe viveu a felicidade de encontrar entre as areias ferventes da África um dos esqueletos mais completos e melhor preservados em toda a história da busca de restos de nossos ancestrais. Sabe-se que seria de uma mulher e a este achado inigualável foi dado este nome: Lucy, em lembrança de uma música dos Beatles então muito em voga.

Um documentário da BBC sobre nossas origens, com o nome "O homem das cavernas", nos mostra uma cena ainda mais pungente e convincente. Um bando de *Australopitecus* é atacado por um outro. Na luta, uma fêmea que carrega uma criancinha é morta. Uma grande águia sobrevoa o campo da luta e se prepara para tomar nas garras a criança caída ao solo. Uma outra fêmea foge com o seu bando do lugar. Mas, de repente, ela para e se volta. E no meio do perigo retorna e recolhe do chão a criança que não é sua. Talvez ela não tenha salvado apenas uma frágil criança, mas toda uma humanidade.

A respeito de nós mesmos, os seres em quem a Vida se tornou humana, muitas vezes nós recordamos quatro perguntas encadeadas que já conhecemos e que seguirão nos acompanhando: Quem somos? De onde viemos? Para onde vamos? Qual o nosso destino coletivo?

E nos dias de hoje podemos pensar estas perguntas acompanhadas de outras: quem temos sido ao longo de nossa história?

O que temos feito de nós mesmos e com os nossos outros? Quem somos agora? O que podemos fazer ainda por nós mesmos, seres humanos? Qual o nosso destino? Qual a nossa parte de responsabilidade na construção dele?

Retomemos por um momento algumas ideias vindas do capítulo anterior, sobre como nós nos criamos a nós mesmos, ao saltarmos do mundo da natureza para o mundo da cultura. Logo a seguir iremos dar um passo adiante. Partiremos em busca das origens mais ancestrais do modo de ser que nos permitiu chegar até este momento de nossa vida coletiva.

Jean-Jacques Rousseau é um dos filósofos e pensadores da sociedade humana mais conhecidos. Mesmo havendo sido um homem nascido e morto entre 1712 e 1778, suas obras permanecem lidas como se atuais. Seu livro mais conhecido é *O contrato social*, também subintitulado *Princípios de direito político*, escrito no mesmo ano de 1762. Este livro influenciou bastante todos os cientistas sociais e, mais ainda, alguns antropólogos que nos esperam logo adiante. Rousseau retoma nele as perguntas sem respostas definitivas que, entre mitos e sistemas filosóficos, terão milhares de anos: "Por que somos como somos?". O que torna o ser humano quem ele é: a natureza humana ou as tradições e imposições da sociedade? Como e por que, para podermos viver juntos e criar "ambientes humanos" de convivência, necessitamos criar e lidar com o que ele chamará justamente de o "contrato social". Mais ou menos o que estarei chamando aqui e adiante de conjuntos e sistemas de valores, de gramáticas de regras, de princípios e de códigos de preceitos sociais.

Sua pergunta essencial permanece viva até nossos dias: afinal, se desejamos ser livres, sendo a liberdade um dos mais "sagrados direitos da pessoa humana", o que nos obriga a criarmos entre nós pactos sociais de convivência em sociedade? O que nos impele a ele? O que ele implica? Uma vez estabelecido, seja por livre consenso, seja como uma imposição arbitrária, o que ele nos impõe? A que ele nos obriga, nos limites e para além de nossa vontade, de nossa vocação, de nossa compreensão de quem somos e do como deveríamos viver?

Ora, mas o mesmo Rousseau escreveu também um livro quase tão divulgado e conhecido quanto *O contrato social*. Seu título sugere um conteúdo bastante mais árduo e conflitivo: *Discurso sobre a origem e os fundamentos da desigualdade entre os homens*, escrito em 1753, vários anos após *O contrato social*. Neste livro, como já antes em *O contrato social*, Rousseau separa o que ele chama de: um ser humano e uma humanidade em "estado de natureza" (o conhecido "mito do bom selvagem") *versus* o homem culturalmente socializado regido por uma vida social. A própria sociedade que se impõe como lugar único de vida possível para nós, cria e reproduz inevitáveis e humanamente indesejadas desigualdades sociais. Logo no início de seu livro ele lembra que "por toda a parte em que olhemos, vemos homens submetidos a ferros".

Saltando de um pensador do passado para antropólogo de nossos tempos, como Clifford Geertz e outros vários antropólogos, acreditamos que os seres humanos, ao saltarem da natureza para o mundo da cultura, criaram eles próprios teias e tramas de símbolos e significados. Criaram, com graus variados de intensão e de consciência sobre que faziam, a própria teia da complexa tessitura da *cultura*, fora da qual não há como viver uma vida humana.

Se acreditarmos em Rousseau, teremos que concordar que ao abrir mão de um inocente estado original "de natureza" e ao se tornar um "animal social", ou seja, um ser culturalmente político, desde os nossos primórdios de existência, o *homo* abre mão de sua própria primeira liberdade para poder, afinal, realizar-se e evoluir como o que somos: seres humanos. Seres vocacionados, convidados e convidados por nós mesmos, entre nós mesmos e para nós mesmos, a criarmos vidas sociais, sociedades que abriguem e deem sentidos a tais vidas, e sistemas de símbolos, significados, valores, preceitos e controles para nos obrigar a... conviver humanamente. Para buscar uma entre muitas alternativas de respostas a estas e a outras perguntas, sugiro que recuemos alguns passos e retomemos algumas palavras e ideias já nossas conhecidas.

2. QUEM SOMOS NÓS? COMO SOMOS? POR QUE SOMOS COMO SOMOS?

Vimos já que os nossos corpos são a natureza de que nós somos parte, transformada no ser de uma pessoa: *você, eu*.

Somos, como vimos já linhas antes, uma consciência que pensa e se pensa. Somos a aventura, a glória e o terror de termos de viver dentro de três tempos: o passado, o presente e o futuro, enquanto tudo o que vive à nossa volta contenta-se em viver um só e sensível presente. A vida, consciente de si em qualquer ser-da-vida, torna-se enfim em nós conhecedora de sua própria consciência. E ao passar de reflexa (saber e sentir) à reflexiva (saber-se sentindo e sentir-se sabendo) ela nos faz saltar da esfera do sinal à do signo e dela aos caminhos e aos abismos do sonho e do devaneio. Os animais sabem o que sabem com a carga genética da espécie. Ou aprendem o que lhes falta saber interagindo organicamente com o meio ambiente, ou através de interações pré-simbólicas com outros seres de sua espécie. Nós saltamos do sinal ao símbolo e aprendemos com eles, mas aprendemos uns com os outros, através de gestos carregados de sentido e de palavras carregadas de ideias.

Sabemos já que a *natureza* é o mundo de quem somos e o mundo em que nos é dado viver. Lembremos uma vez mais que somos, como os outros seres vivos, seres naturais. Mas, à diferença deles, nós somos naturalmente humanos. E somos humanos porque somos culturalmente naturais.

Sabemos já, também, que *cultura* é todo o mundo que transformamos da natureza, em nós e para nós. Quando o Deus acreditado por hebreus, cristãos e muçulmanos disse aos seres por ele criados *crescei e multiplicai-vos*, eles e também nós respondemos com a extensão natural de nós mesmos. Vimos que, quando ele disse: *Habitai a Terra*, os homens responderam transformando os seus mundos e a si mesmos. E responderam criando diferentes maneiras de não apenas colher os frutos das árvores e os peixes dos rios, mas de lavrar a terra e dar, aos seus frutos e aos dos rios, nomes. Clifford Geertz descreve isso desta maneira:

> Somando tudo isso, nós somos animais incompletos e inacabados que nos completamos e acabamos através da cultura — não através da cultura em geral, mas através de formas altamente particulares de cultura: dobuana e javanesa, hopi ou italiana, de classe alta e classe baixa, acadêmica e comercial. A grande capacidade de aprendizagem do homem, sua plasticidade, tem sido observada muitas vezes, mas o que é ainda mais crítico é sua extrema dependência de uma espécie de aprendizado: atingir conceitos, a apreensão e aplicação de sistemas específicos de significado simbólico. Os castores constroem diques, os pássaros constroem ninhos, as abelhas localizam o seu alimento, os babuínos organizam grupos sociais e os ratos acasalam-se à base de formas de aprendizado que repousam predominantemente em instruções codificadas em seus genes e evocadas por padrões apropriados de estímulos externos — chaves físicas inseridas nas fechaduras orgâ-

nicas. Mas os homens constroem diques ou refúgios, localizam o alimento, organizam seus grupos sociais ou descobrem seus companheiros sexuais sob a direção de instruções codificadas em diagramas e plantas, na tradição da caça, nos sistemas morais, e nos julgamentos estéticos: estruturas conceptuais que moldam talentos amorfos. (Geertz, 1989, p. 62-63)

A cultura, vimos já, é algo que sempre e inevitavelmente estamos criando. Não apenas as coisas da matéria da Terra transformadas em objetos da Vida, mas as tessituras de palavras, de regras, de códigos e de gramáticas sociais, de imagens e de ideias partilhadas que em nós tornam possível o viver e o conviver. Culturas são panelas, mas também sistemas sociais de alimentação. São vestimentas, acompanhadas de preceitos e princípios sobre modos de se vestir em diferentes situações sociais e rituais. São estruturas simbólicas e complicados sistemas de falas e de gestos entre categorias de sujeitos. Mapas simbólicos, tessituras de significados que nós próprios criamos, e em cujas tramas e teias nos enredamos de uma maneira inevitável e irreversível. Esta é a nossa liberdade e a nossa servidão. Pois é dentro, entre e através de tais teias e tramas que criamos os mundos sociais para podermos viver juntos no mundo natural que nos é dado.

Uma vez enlaçados entre símbolos e significados, uma vez mais à diferença dos animais, nós nos relacionamos com o próprio ambiente natural através de sistema de sentidos que atribuímos à natureza como um todo e a cada um de seus componentes. Vemos, ao mesmo tempo, uma árvore, um ser vivo do reino vegetal, um sentimento e um feixe de palavras: "este ano os ipês amarelos estão florindo no cerrado como há muito tempo não acontece".

Agora estamos preparados para darmos um passo adiante.

3. DAR, RECEBER, RETRIBUIR — AS ORIGENS DA VIDA QUE NÓS VIVEMOS

Tenhamos daqui em diante presentes diante de nós estes três verbos: dar — receber — retribuir. Eles formam a cadeia de palavras-chave de um dos mais conhecidos e importantes estudos das ciências sociais de todos os tempos. Seu autor, o antropólogo francês Marcel Mauss, o chamou *Ensaio sobre a dádiva — forma e razão da troca nas sociedades arcaicas.*

Antes de percorrermos juntos algumas páginas do *Ensaio sobre a dádiva* (que em outras edições em Português aparece com o nome *Ensaio sobre o dom*) vale a pena recordar que o *Homo* se fez humano porque aprendeu a introduzir na vida na Terra uma maneira única, complexa, consensual e conflituosa de viver-com-o-outro. Uma experiência que prolonga e torna bastante mais flexível e aberta a herança de todos os outros primatas quanto ao viver-em-bandos. Desenvolvemos a partir do que em nós era inato e se desenvolveu ao longo dos milênios, a capacidade de não apenas viver organicamente em coletividades biológicas, mas de criar, fazer variar e transformar as mais diversas formas de viver-juntos. De passar do coletivo do bando ao social da comunidade. De estabelecer na Terra não apenas uma pluralidade biológica de seres, um nós, mas uma conectividade cultural de seres: um entre-nós.

Quando Marcel Mauss realizou, há mais de cem anos, um amplo e criterioso levantamento sobre formas primitivas e arcaicas envolvendo as mais diversas relações interativas entre as culturas e as sociedades humanas, ele se deu conta de que havia em e entre todas elas um mesmo padrão universal. Suas diferenças de um modo de vida para o outro eram múltiplas e diversas e, no entanto, este padrão parecia estar presente sempre, da aurora do *homo* aos nossos tempos pós-modernos.

Em qualquer sociedade humana, as pessoas individuais, através de suas unidades sociais como as famílias, os clãs, as tribos, as comunidades, enfim, estão sempre às voltas com relacionamentos aparentemente pessoais e voluntários, mas em tudo e sempre regido por princípios de reciprocidade e por preceitos de troca. Olhadas mais de perto, essas relações pessoa-pessoa parecem ser sempre preceituais, prescritivas e criteriosamente coletivizadas. Viver em uma coletividade é estar enredado entre redes e teias de círculos e circuitos de intercâmbios cerimoniais regidos pela obrigação de dar, de receber e de retribuir. Não é que o viver em comunidade nos obriga a espontânea e generosamente ajudar os outros, prestar serviços, partilhar o nosso (precioso) tempo com outras pessoas, dar parte do que temos a outros, na esperança de recebermos deles algo, quando devido ou necessário. Entre todos praticamente tudo se troca. Tudo se torna objeto de reciprocidades mergulhadas em rituais de que nossas "festas de aniversário" são pálidas reminiscências. E Mauss lembra que, na verdade, nunca se tratava nas sociedades arcaicas de trocas motivadas pelo interesse puro e simples do ganho. As pessoas que trocam não são indivíduos, são "pessoas morais". São atores-autores de dramas sociais, de rituais de permuta em que algumas tribos indígenas do passado e do presente viam-se envolvidas durante largo tempo de seus dias e de suas vidas coletivas:

> Nas economias e nos direitos que precederam os nossos, não constatamos nunca, por assim dizer, simples trocas de bens, de riquezas ou de produtos no decurso de um mercado entre indivíduos. Em primeiro lugar, não são indivíduos, mas coletividades que se obrigam mutuamente, trocam, contratam; as pessoas presentes ao contrato são pessoas morais — clãs, tribos, famílias — que se enfrentam e se opõem, seja em grupos, face a face, seja por intermédio de seus chefes, ou seja, ainda, das duas formas ao mesmo tempo. Ademais, o que trocam não

são exclusivamente bens e riquezas móveis e imóveis, coisas economicamente úteis. Trata-se antes de tudo, de gentilezas, banquetes, ritos, serviços militares, mulheres, crianças, danças, festas, feiras em que o mercado é apenas um dos momentos, e onde a circulação de riquezas constitui apenas um termo de um contrato muito mais geral e muito mais permanente. (Mauss, 2003, p. 45)

Marcel Mauss sugere algo mais estrutural, mais sistêmico e, assim, mais inevitável e mais constitutivo do próprio "chão da vida humana". Ele avança suas ideias no sentido de que não são apenas indivíduos que, de forma livre e espontânea, dão, recebem e retribuem coisas, objetos, dons, presentes, prestação de serviços, materializações diversas do afeto, ou o que seja. Se espontânea e generosamente "fazemos tudo isto", é porque desde a mais tenra idade — e com o exemplo do que faz a mãe, um ser humano de pura doação — nós somos socializados no sentido de aprendermos tanto os gestos pessoalmente espontâneos quanto os atos socialmente impositivos da reciprocidade. Algo de que a caridade dos cristãos e a compaixão dos budistas são formas extremas, porque saltam para além da expectativa do retorno, da retribuição e se realizam como pura e simples doação de si-mesmo.

Os animais também interagem. Alguns intertrocam afetos, para além de simples e breves atos eróticos. Muitas espécies convivem em coletividades e algumas delas organizam-se em bandos regidos por condutas relacionais biologicamente bem definidas. E muito mais determinadas entre formigas do que entre lobos, e mais entre lobos do que entre chimpanzés bonobos. Tudo bem! Mas você nunca viu e nem verá um bugio, como os que passam diante de minha janela, trazendo de longe um cacho de frutas para alimentar um outro animal de seu bando, ferido ou já muito velho.

Regidos por códigos genéticos e submetidos a princípios orgânicos de relacionamento com o outro e com o meio ambiente, os animais convivem, mas não compartem a vida como nós, os humanos. Nossos primeiros ancestrais eram caçados e caçavam como as onças ou os leões. No entanto, em vez de levarmos as fêmeas para a caçada e em vez de devorarmos, cada um por si, "ali mesmo" as carnes do animal morto, nós aprendemos a deixar fêmeas, crianças, velhos e feridos nos acampamentos. E inauguramos no mundo uma conduta inovadora: trazer o alimento para quem ficou. Animais nunca velam e jamais enterram os seus mortos e nem oram por eles. Nossos primeiros ancestrais também não. Mas já o *Homo* de Neandertal que nos antecedeu enterrava os seus mortos acompanhados de adornos e objetos que fariam falta ao grupo dos vivos da comunidade.

Se conseguimos chegar a uma forma peculiar de existir-no--mundo e de partilhar-um-mundo, este acontecimento fundador terá sido possível por descoberto e desenvolvido — e nunca ao acaso, como sugerem alguns — de tornar colaborativas, cooperativas e corresponsáveis as nossas interações mais essenciais. Isso mesmo quando elas, desde a aurora do humano, surgiram entrecortadas com contra-condutas competitivas, conflitivas e individualistas. Criamos culturalmente sistemas de estar-e-viver-com-o--outro para as nossas soluções adaptativas que não representam apenas um "passo a mais" na trajetória de invenções dos seres vivos, mas um verdadeiro salto de qualidade.

Quando nosso antigo ancestral, *Ramapithecus*, saiu da floresta para a savana aberta, deu-se um inevitável fortalecimento de sua organização social. Até mesmo nos fósseis mais antigos aparecem evidências de uma infância prolongada.

Como a caça e a coleta e a partilha de alimentos também provocaram maior tensão na cooperação e organização grupal, os hominídeos que mais prosperaram foram aqueles capazes de conter seus impulsos imediatos, e de conduzir o impulso dos outros em direção a esforços cooperativos.

Eles foram a vanguarda a raça humana. (Leakey e Lewin, 1980, p. 190)

A duras penas nós aprendemos a criar, a consolidar e a inovar alternativas múltiplas e mutáveis, complexas e diferenciadas de vivermos as nossas interações. Criações inovadoras do vivermos as nossas relações: eu-me, eu-outro, eu-nós, nós-nós, nós-outros. Soluções negociadas e consensuais com que aprendemos a experimentar e a estabelecer os nossos relacionamentos com a natureza. E também a praticar este arrojado salto não apenas de maneira naturalmente adaptativa, como entre os pássaros, os lobos e os macacos, mas segundo padrões culturais crescentemente criativos e transformadores.

Aprendemos a guerrear, é bem verdade. E somos lastimavelmente a quase única espécie de seres vivos capaz de praticar e repetir endo-assassinatos, genocídios e etnocídios. Mas aprendemos algo antecedente a isto e a tudo o mais. Aprendemos a sair-de-nós-mesmos e intercambiar bens, serviços, pessoas e mensagens com os outros.

Ao saltarmos da natureza (sem nunca sair dela) para a cultura (sem nunca realizá-la plenamente) aprendemos a ser recíprocos. E sobrevivemos porque não nos esquecemos disso. Se você resolver fazer um inventário dos gestos afetivos e dos atos efetivos de uma semana em sua vida, verá que, a menos que você seja um solitário individualista assumido e empedernido, boa parte de tudo o que você vive a cada dia é vivido em contextos de entre-nós. Mesmo que cada vez mais "à distância e eletronicamente", você se verá experimentando as mais diferentes situações de trocas e reciprocidades de seu tempo, de suas ideias e palavras, de seus afetos, de seus dons, da comida que você prepara todos os dias para você e também-alguém que não você (e que pelo menos em troca deveria lavar os pratos) até os presentes que você se obriga generosamente a "dar" a outras pessoas nos "seus momentos", e os que você recebe num dia de aniversário. Um dia que, sejamos francos, sem presentes e sem as mensagens cada vez mais "internéticas", seria um triste dia a ser esquecido.

4. A RECIPROCIDADE — TROCAR PESSOAS, TROCAR BENS, TROCAR MENSAGENS

Creio que estamos prontos agora para dar um passo a mais em nossas reflexões, saltando da obrigação contratual e societária do dar-receber-retribuir, para uma compreensão dos fundamentos mais humanamente profundos da reciprocidade. Este passo nos leva a viver por um momento um diálogo com o antropólogo francês Claude Lévi-Strauss, através da leitura que dele faz Serge Moscovici, com quem já nos encontramos neste livro.

Nas coletividades animais existem seres biologicamente diferenciados a partir de uma distinção original e essencial entre machos e fêmeas. Existem seres em posições diferentes na escala dos ciclos de vida: os recém-nascidos, as "crianças", os "jovens", os "adultos" e os "velhos". As relações entre os diferentes indivíduos de um mesmo bando estão quase todas "impressas" organicamente nas disposições comportamentais e interativas.

Assim é que entre as diferentes espécies de macacos antropomorfos existem bandos em que um macho único, ou um número muito pequeno de machos, detém a posse de todas as fêmeas. E apenas ele, ou eles, geram proles com elas. Já, em outras espécies, machos e fêmeas formam pares estáveis ou semiestáveis, como em algumas sociedades humanas. E nelas o poder de controle de um macho dominante torna-se bastante mais relativo. Em *Sociedade contra a natureza*, Serge Moscovici chama o primeiro tipo de ordenação da unidade animal de *grupo de clique*, e, a segunda, de *grupo de camaradagem*. Não nos espantemos com o fato de que em algumas sociedades humanas primitivas algo semelhante ainda ocorra, como o fato de um chefe de tribo ou de um clã possuir várias esposas, enquanto outros homens adultos são privados de escolherem sequer uma esposa. Afinal, viemos de um tronco comum de existência.

Ora, os primatas humanos não foram dotados pela natureza de tais sistemas organicamente reguladores de relacionamentos com os outros, individual ou coletivamente. Códigos genéticos que prescrevem sobretudo as relações de sedução, acasalamento e de cuidado da prole. E se os nossos primeiros ancestrais em algum momento viveram experiências interativas de ordenação do grupo e de organização de formas "naturais" de organização do acasalamento e da procriação, por certo elas foram sendo perdidas no seu todo ou em grande parte ao longo do curso do nosso próprio processo de *hominização*.

Precariamente dotados de preceitos-da-espécie, realizados como verdadeiros códigos de *leis biológicas* para a gestão das unidades sociais primitivas, os seres humanos foram obrigados a produzir culturalmente os princípios generativos do seu inovador conviver, ou viver-com. Ao longo do tempo, esse processo aperfeiçoou sistemas culturais de reconhecimento de si-mesmo e do outro. Vamos chamá-los de sistemas simbólicos de atribuição de identidades. Através deles, passo a passo onde existiam indivíduos conotados por semelhanças e/ou por diferenças biológicas, começaram a coexistir pessoas auto e alter-identificadas de acordo com padrões culturalmente simbólicos e socialmente impositivos. Isso é, sistemas tão livres (e por isto entre diferentes culturas eles são tão diversos) quanto arbitrários (porque sociedade alguma os prescinde) de atribuição de tipologias-da-pessoa, de nomes, de posições entre sistemas que vão da família nuclear ao todo de um "povo", e de significados relacionais do tipo: "quem é quem entre nós e para além de nós".

Assim, no interior de diversos sistemas culturais, somos algo mais do que machos e fêmeas, crianças, jovens e adultos biológicos. Sendo organicamente machos e fêmeas, somos também genitores e gerados. Somos seres vivos originados de progenitores biológicos, transformados em pais e filhos, em mães e filhas, em irmãos e irmãs, em primos cruzados e primos paralelos, em esposas e amantes, em avós e netos, sobrinhos e tios, padrinhos e afilhados. Seres biológicos agora tornados sociais e inseridos em-e-entre sistemas de princípios de identidade e, também, de preceitos de interações.

Mas em que princípio fundador estariam alicerçados tais sistemas originários e impositivos de atribuição de identidades e de prescrição de interações interpessoais, como o piscar o olho para uma futura namorada, e de intercâmbios sociais através de pessoas, como o casar-se e gerar filhos com ela?

A origem de tudo estaria no que terá feito emergir entre nós, os seres humanos, o "momento zero da cultura". Este momento está na prescrição cultural da *proibição do incesto*. E está de igual maneira em sua contraparte: a *obrigação da reciprocidade*.

Se não houvéssemos aprendido a viver-com, a conviver, a partilhar, a nos submetermos às gramáticas sociais de nossas famílias, redes de parentes, clãs, grupos de idade, equipes de trabalho, comunidades, povos e nações, não teríamos chegado a ser quem somos. Não teríamos sequer sobrevivido como uma espécie de ser-vivo na Terra. Pois aquilo que nos animais é inato e determina o proceder do indivíduo em favor do bando e o proceder do bando em nome da espécie, entre nós, os seres humanos, precisou ser criado, consensualizado, estabelecido simbólica e socialmente. E, em todo o seu acontecer, ensinado e aprendido.

A *proibição social do incesto* e o seu *dever solidário da reciprocidade* são as duas faces de um mesmo princípio original de criação da própria experiência humana. Como vimos, sobre o acontecimento natural que gera biologicamente a fêmea, a criança e a mulher adulta, geramos culturalmente a mulher (um gênero e não um sexo). Ao lado de sistemas culturais de classificação de categorias identitárias de pessoas sobre uniformidades de indivíduos biológicos, estabelecemos princípios que regulam padrões de interações, entre permissões e proibições.

E a mais primária delas terá sido a interdição de acasalamento entre determinadas categoriais de homens e de mulheres. Filhos não casam e nem procriam com suas mães, e apenas em raras situações e culturas, os irmãos acasalam com as irmãs. Este é dilema original de Édipo, que as teorias da psicanálise compreendem de uma maneira e a antropologia de uma outra, ou outras. E de acordo com as tendências de um lado e de outro, elas tanto discrepam quanto convergem.

Podemos imaginar que entre os nossos primeiros ancestrais já humanizados, ou hominizados, a proibição do incesto gerou uma estranha e pesarosa contradição. Nós, os humanos, geramos filhos e filhas. Criamos filhas com desvelo e cuidados e se preciso, damos as nossas vidas por elas. No entanto, à exceção — e mesmo assim sempre relativa — das raras culturas com sistemas endogâmicos de união entre homens e mulheres, nós destinamos nossas filhas a uniões com homens situados fora da família e, com menores rigores, fora da teia próxima de parentes. Elas são retiradas de um lar e de uma família para se unirem e gerar filhos fora também de seu clã original e, de preferência, fora do grupo local.

Compreendamos, desde a sua outra face, este princípio humano de organização social da relação afetivo-produtiva através da união entre homens e mulheres e da geração de uma prole. Ao tornar interdita uma mulher de minha família, de meu clã, de minha aldeia, e ao culturalmente destiná-la a "alguém de fora", eu me integro e participo de uma teia de intercâmbios regida por uma gramática de relações entre grupos humanos através da troca recíproca de bens, de pessoas, de símbolos e de significados. Pois quando eu reservo minhas filhas para dá-las em casamento a homens de fora de meu círculo mais próximo de parentes, eu espero que em troca que eles façam o mesmo com as suas filhas, em favor dos meus filhos, da minha família, de meu clã.

Quem esteja acostumado a ler a Bíblia, experimente prestar atenção às várias passagens em que o povo judeu enfrente o dilema de "a quem dar a minha filha em casamento?". E verá com surpresa como boa parte das escrituras dela são difíceis tentativas de solução deste dilema original. Livros sagrados e grandes epopeias também têm, não raro, neste dilema, o centro ou uma parte importante de seu relato. Afinal, a própria Guerra de Troia da *Ilíada*, de Homero, começou e durou dez anos porque um homem chamado Páris sequestrou indevidamente Helena, a esposa de um outro homem chamado Menelau.

5. POR QUE VIVEMOS ASSIM?

Não estamos sugerindo que o animal humano seja um autômato cooperativo, grupalmente orientado. Isso seria negar o que é o apogeu da herança evolucionária dos humanos: sua capacidade de adquirir cultura por meio da educação e aprendizagem.

Somos animais essencialmente culturais, com aptidão para formular muito tipos de estruturas sociais. Mas um impulso de raiz biológica para a cooperação e para o trabalho em grupo proporciona um suporte básico para aquelas estruturas.

O comportamento cooperativo, nascido de nossa herança de caça e coleta, combina-se com a natureza social dos primatas, há longo tempo estabelecida, para galvanizar unidades sociais com uma extraordinária habilidade para superar os desafios ambientais. Sem dúvida essa é a razão pela qual fomos tão bem-sucedidos como espécie em evolução. (Leakey e Lewin, 1980, p. 223)

Ora. Esta terá sido talvez a aprendizagem mais ancestralmente humana e humanizadora: aprender a sair de si-mesmo e abrir-se ao outro. Saber renunciar ao que é "meu" ou "nosso" em favor de quem é "o outro". Impedir que coisas e pessoas fiquem presas ao círculo do que é "nosso", e torná-los seres ou objetos de transação. Prescrever e observar gramáticas de intercâmbio e reciprocidade, substituindo o sequestro, o roubo e a guerra, pela aliança e a troca.

"Façamos a paz, casemos nossas filhas", é uma antiga e sábia fórmula que consagra este princípio que tornou possível a sociedade humana e, assim, a continuidade de nossa própria experiência sobre a Terra. Em Antropologia, se diz que um dos princípios da exogamia — uniões maritais fora do clã, regidos pelo preceito de "casar fora ou morrer fora" — foram a chave da sobrevivência de uma espécie de animal tão generosamente solidário e tão competitivamente aguerrido.

Entre idas e vindas, entre acertos e desencontros, toda a sociedade humana se preserva e transforma na medida em que conserva e inova sistemas de reciprocidade através dos quais constantemente fluem e são trocadas entre categorias de sujeitos sociais: os seus bens, as suas pessoas e as suas mensagens.

Não foi originalmente com palavras divinas, com promessas vagas entre os humanos e nem com os preceitos da religião, tal como no *Levítico*, dos hebreus, que os primeiros grupos humanos aprenderam a sobrepor *regras sociais* culturalmente estabelecidas, sobre as *leis biológicas* que eles e nós compartimos com os bandos de macacos. Religiões e preceitos como "os dez mandamentos" surgiram milhares de anos mais tarde e consagraram com palavras do sagrado as proibições e as reciprocidades com que começamos a nos hominizar.

A reciprocidade, a troca e a aliança, eis o que nos fez passar do *bando biológico* ao *grupo cultural*. Eis a pedra fundamental do edifício social da cultura. Chimpanzés, orangotangos, gibões e gorilas surgem no mundo geneticamente programados para lutarem pela posse de fêmeas, mas não para matar um outro macho do bando por causa delas, ou por causa de alimento ou território.

Nós não. E por isso tornou-se inevitável o criarmos palavras, linguagens, identidades sociais, princípios de interações, códigos de conduta, gramáticas de etiqueta, preceitos jurídicos ou mandamentos divinos, para tornar possível, desejada e compreensível a vida humana em comunidade. Através do dom, da troca e da reciprocidade nós criamos os nossos mundos de vida e de destino. Entre múltiplas expressões afetivas e efetivas, práticas ou simbólicas de fazer circular seres, símbolos, sentidos, serviços e coisas entre teias e redes de obrigações regidas pelo dar-receber--retribuir, ao mesmo tempo as culturas e as sociedades primitivas foram sendo passo a passo "inventadas". Isso a despeito da suspeita de Claude Lévi-Strauss, para quem as proibições elementares do incesto e a obrigação interativa e social da reciprocidade devem ter sido criadas de imediato e por todas as partes onde a vida afinal fez surgir um primeiro grupo humanoide.

A passagem cultural da *lei* para a *regra* representa o trânsito do domínio animal *da* natureza *para o da* cultura. A partir deste salto qualitativo (pois há nele transformações significativas e irreversíveis) e não apenas quantitativo (pois não há uma simples acumulação de mudanças biopsicológicas) o *homo* não nega a sua origem natural, e nem se torna um alguém situado "fora dela".

O "salto humanizador" dá ao "ser natural" um outro sentido e uma outra dimensão de existência. Esta diferença é e está na cultura. E origem da cultura não reside nem tanto e nem apenas no que os seres humanos acrescentam ao mundo quando o transformam através do trabalho de suas mentes. Ele está, também e essencialmente, num "que-fazer" realizado em e sobre si-mesmo.

Retomemos o que percorremos com outras e as mesmas ideias.

Os animais se acasalam segundo os seus desejos, regidos pela "lei da espécie". Homens e mulheres se encontram, se amam, casam e geram filhos, vendo e vivendo os seus desejos transformados em símbolos de suas culturas. Em experiências pessoais vividas como iniciativas e rotinas culturais de acordo com os seus sistemas de valores e submetidos a princípios e códigos de relações pelos quais a mulher amada se transforma em esposa; o fruto do amor em um filho; e a cumplicidade estabelecida de "tudo isto" em uma família. Para além dela, como vimos já, o que começou entre mãos dadas, em um beijo, em "uma transa", para além das fronteiras da família nuclear, converte-se em uma fração de uma rede de parentes, de uma fração de aldeia, de uma metade de uma tribo, de um momento de uma nação, de um sentido de uma identidade, de um culto de uma fé, de uma partilha de uma visão do mundo. E, para que tudo isto seja transmitido a outros e intercambiado com outros para além dos códigos genéticos, os seres humanos criam sem cessar os saberes que partilham, e os sistemas sociais de partilha do saber a que em geral damos o nome de *educação*.

E o princípio de tudo o que cria a uma só vez o ser humano, a sociedade humana e a cultura, parte de algo absolutamente novo como experiência da vida do mundo. Parte de uma tomada coletiva de decisão iniciada em atos de *renúncia de si-mesmo*, e completada com um *dar-a-um-outro aquilo que é meu*, na espera que este outro se veja pessoal e culturalmente obrigado a uma semelhante renúncia e a uma equivalente dádiva.

> Acima de tudo, nós, seres humanos, somos animais sociais. Emocionalmente precisamos fazer parte de um grupo e emocionalmente estamos equipados para entender e manipular as interações com outras pessoas, seja nas relações pessoais, seja nas relações políticas. (Leakey e Lewin, 1980, p. 60)

Não somos humanos porque somos seres racionais, repito aqui uma velha fórmula já nossa conhecida. Nós nos tornamos humanos porque como indivíduos, grupos e comunidades, somos seres aprendentes. Não somos seres coletivos, somos seres sociais. Não somos seres da posse e da acumulação, e devemos não esquecer que elas são a nossa barbárie, a perda de nosso rumo e o nosso desvio. Somos seres da troca e da reciprocidade, e elas são a nossa origem e o nosso destino.

Retomemos uma vez ainda o que já foi escrito e repetido aqui. Os animais vivem isolados, vivem aos pares, vivem em bandos ou vivem em coletividades imensas e complexas, dentro de um mundo natural que lhes é dado, e circunscritos a leis naturais da espécie. Nós vivemos em grupos, em comunidades e em amplas sociedades. Vivemos entre o mundo natural que nos é dado e o mundo de cultura que criamos e que transformamos para viver e conviver regidos pelas leis naturais que compartimos com os animais, retrabalhadas por regras culturais que socializam em nós a natureza.

Eis-nos diante de não apenas duas teorias — pois não se trata disto — mas de duas vertentes das razões e raízes da reciprocidade e da cooperação. Uma vertente vinda das ciências da vida coloca em predisposições orgânicas da espécie o alicerce da razão solidária. Somos geneticamente seres regidos pela emoção. A emoção fundadora do ser humano é a experiência do amor. E é o exercício gratuitamente recíproco desta emoção, entre os mais diferentes relacionamentos entre pessoas e entre grupos de pessoas, aquilo que constitui o próprio ser da vida social.

Uma outra vertente, vinda das ciências sociais, desloca para o acesso a uma saída simbólica, logo, cultural, o surgimento da reciprocidade. Pois está justamente no que nos falta geneticamente, e sobra organicamente nos animais, aquilo que nos leva a criarmos regras, princípios e gramáticas sociais de atribuição de identidades e de orientação de condutas identitárias. Condutas entre categorias de sujeitos e categorias de grupos humanos regidos por proscrições obrigatórias (o tabu do incesto) e por prescrições inevitáveis (a reciprocidade), de que derivam a troca e a circulação social de bens, pessoas e mensagens.

Estaremos vivendo a continuidade de um processo irreversível (pelo menos por agora), multifacetado e globalizante de instrumentalização utilitária do ser e do viver, do pensar e do agir, do existir e do correr (num duplo sentido da palavra) da vida de pessoas exiladas cada vez mais da condição de sujeitos de suas existências e de seus mundos sociais, para a de objetos de círculos múltiplos de interesse e de poder bastante típicos daquilo que podemos resumir por agora como "o mundo dos negócios"?

Estaremos respondendo a esta era de "final da história" e de "fim do sujeito", de submissão de grupos humanos, povos e nações à hegemonia do capital flexível, de insegurança, volatilidade e medo, com o recurso à fuga em direção a um individualismo incoerente e ineficaz? Estaremos a cada dia mais e mais obrigados a uma adesão — voluntária ou não — aos padrões de competência competitiva do mercado de serviços, de bens e de significados?

Estaremos partilhando, de um modo ou de outro, uma perda progressiva de nossas identidades, do sentido do ser de nossa própria pessoa, da vocação de nos sentirmos coautores de nosso próprio destino? Mesmo contra a nossa vontade, estaremos nos colocando, ou sendo por outros (quem?) colocados, tanto no mundo dos negócios quanto no mundo da vida, como seres que "valem" uns para os outros, uns contra os outros, bem mais pelo que produzem e consomem do que pelo que são e sonham? Estaremos sendo condicionados a aprender-e-ensinar, uns aos outros, contravalores a uma vocação genética ao amor e a uma vocação cultural à reciprocidade e ao dom, submetendo o primeiro pelo poder e os segundos pelo desejo do ganho, e pela posse utilitária do outro enquanto instrumento de nossos interesses? Estaremos nos "dando" aos nossos outros através do que produzimos, possuímos e podemos e, não, como as pessoas que somos, reservando momentos e gestos de gratuidade interativa para apenas o círculo de alguns poucos parceiros de nossas reservas de afeto?

Ao olhar de alguns estudiosos do presente e do futuro próximo, bem poucas seriam as esperanças em um renascimento do humano, associado a um reverdecimento de um mundo natural exaurido e degradado. O "caminho de volta", ou "o caminho à frente" não existiria mais, pelo simples fato de que o fomos destruindo na medida em que íamos avançando.

Avançando em direção a quê? Avançando rumo a um progressivo domínio da lógica do mercado e de uma perversa e funcional ética dos negócios. Um mundo em que o lucro e a posse de maneira irreversível suprimiriam a troca e o dom? Um mundo humano desumanizado em que as palavras e os gestos regidos por reciprocidade, solidariedade, amorosidade, cooperação, troca, dádiva, harmonia, igualdade e paz, tendem a se tornar figuras de retórica na fala dos últimos místicos, poetas e iludidos?

Estaremos, neste ponto da trajetória do *Homo* sobre a Terra, dentro de um mero jogo de metáforas antigas, a custo ainda partilhadas por alguns poucos homens e poucas mulheres aqui e ali? Mulheres e homens que ainda falam de um "outro mundo possível" antes de se entregarem às imagens e poderes de um mundo em que pessoas valem como coisas e as coisas como pessoas. Um anti-mundo humano onde o medo-do-outro torna a cada dia mais perigosa a nossa vocação ancestral de sair-de-si em busca de realizar-se no único ser que, à nossa espera, nos pode salvar, ao salvar-se através de nós: o outro.

Como todo este livro é uma sempre busca do "quem somos nós" através da compreensão do "como chegamos até aqui", que uma vez mais um paleontólogo nos ajude a concluir este capítulo.

> Recentemente, cientistas, escritores e outros têm tentado explicar por que a humanidade depara-se com a possibilidade de autoaniquilamento. A ideia proposta é a de que o homem é decididamente agressivo, ideia à qual foi dada credibilidade científica por alguns estudiosos, como o prof. Raymond Dart e o dr. Konrad Lorenz, e que foi popularizada com muito sucesso por Robert Ardrey.
>
> O âmago do argumento a favor dessa agressividade consiste na afirmação de que, partilhando de uma herança comum com o reino

animal, por força possuímos e expressamos um instinto de agressão. E a noção é elaborada com a sugestão de que, num certo ponto da nossa história evolucionária, deixamos de ser criaturas vegetarianas, semelhantes a certos antropoides, e nos tornamos matadores, com paladar para saborear não apenas os animais de caça, mas também nossos próprios semelhantes. Esse argumento dá uma boa história de suspense. Mais importante ainda, livra a sociedade de tentar retificar o mal no mundo. Mas é ficção — perigosa ficção.

Sem dúvida somos parte do reino animal. E é verdade que em certo ponto de nossa evolução nos separamos dos hábitos alimentares comuns aos grandes primatas e passamos a incluir uma porção significativa de carne em nosso cardápio. Mas, uma séria interpretação biológica desses fatos não leva à conclusão de que matar esteja nos nossos genes, apesar de toda a raça humana ter, de bom grado, aderido à caça como seu modo de vida. Sustentamos, em vez, que o oposto seja verdade. Isto é, que os humanos não poderiam ter evoluído de modo extraordinário como o fizeram, se os nossos ancestrais não tivessem sido criaturas fortemente cooperativas.

A chave para a transformação de uma criatura social, como o antropoide, num animal cultural que vive numa sociedade sobremaneira estruturada e organizada é o partilhar, o partilhar de trabalhos e o partilhar de alimentos. O alimentar-se de carne foi importante no sentido de impelir nossos ancestrais para o caminho da humanidade, mas apenas como parte de um todo de mudanças socialmente orientadas, que envolviam a coleta de plantas alimentícias e a partilha de presas. (Leakey e Lewin, 1980, p. 10)

5

De um olhar a um outro:

outras viagens por caminhos já percorridos entre a Paleontologia e a Antropologia

1. TUDO DE NOVO, OUTRA VEZ: A CULTURA

Ao falar com mais detalhes (e dúvidas) sobre a cultura, devo de saída lembrar a quem me leia que entre antropólogos não existiu no passado próximo (passado agora significa algo entre fins do século XIX e a manhã do dia de ontem) um consenso sobre que ela é e como pode ser definida e/ou compreendida. A tal ponto que entre os "pais fundadores" da moderna antropologia, enquanto para alguns ela foi um conceito essencial na compreensão do fenômeno humano, para outros ela era uma categoria perfeitamente dispensável. Veremos em algum momento adiante um antropólogo, com quem já nos encontramos linhas antes, reclamando que a respeito do conceito de cultura parece que já se disse tudo, e na verdade não se chegou a quase nada.

Se recuarmos alguns passos por um caminho já percorrido, podemos recordar algo de momentos em que o paleontólogo dá lugar ao antropólogo. Assim recordemos que não sendo adequadamente dotados pela própria natureza para o exercício individual e coletivo de soluções para a sua própria sobrevivência, os homens de muito-antes e de já-agora precisaram e seguem precisando se debruçar de forma inteligente e intencional sobre a natureza para buscar nela e em suas transformações as respostas materialmente pragmáticas e espiritualmente simbólicas para poderem existir, coexistir e progredir.

Ao encontrarem as primeiras soluções para as suas necessidades mais primárias — aquelas em que as diferenças entre um bonobo e um humano são muito pequenas para resolver problemas como os da fome, do frio, da proteção contra inimigos, da reprodução física da espécie, os seres humanos — tal como os bonobos e de forma algo diversa deles — descobriram-se necessitando existir em coletividades.

Claro, como seria "humanamente" impossível realizar tarefas de uma mínima socialização da natureza, trabalhando cada pessoa por conta própria, tocou ao ser humano o desafio de criar e ordenar formas de uma nova vida coletiva. Como não nasceram sabendo como fazer isto tal como as formigas e as abelhas e nem como os castores e os macacos, os seres humanos e nosso passado remoto terminaram por criar formas cada vez mais complexas de vida social. Buscando comida e procurando não serem comidos, os primeiros *homo* obrigaram-se a criar situações de reciprocidade pautadas por respostas às seguintes perguntas: como agir para conseguir a comida? Como fazer para processar a comida obtida, de tal sorte que ela se transforme em alimento? Como compartir a comida conseguida e processada? Como observar preceitos do "bem-comer"? Que saberes são necessários para se obter, processar, partilhar e bem-comer a comida? Como criar meios funcionais para que tais saberes sejam difundidos entre os nossos-de-agora e sejam transmitidos aos que nos sucederão? Que nomes e significados atribuir a cada espécie de comida que obtermos, preparamos e partilhamos? Quais sentidos atribuir aos atos de caçar, processar e partilhar alimentos, no complexo da vida social que convivemos? A que, a que poderes, a que entidades da natureza ou situadas em algum outro plano do real ou do imaginário devemos (ou não) pedir, suplicar ou agradecer pelos alimentos que esperamos obter, ou que já obtivemos e partilhamos?

Ora, cada uma das múltiplas possíveis respostas a cada uma das perguntas anteriores revela e constitui uma ou algumas dimensões de uma cultura. A nova situação gerada pelos seres humanos para a satisfação de suas "necessidades primárias" obrigou nossos antecessores a criarem e multiplicarem um mundo social sobre o chão do mundo natural de que somos (não esquecer) parte e partilha. Assim foram geradas as estruturas de relacionamentos destinadas a resolver de maneira satisfatória (mas nem sempre) os imperativos a vida em sociedade. O embrião de como isso terá começado a acontecer foi o que nos desafiou compreender nos capítulos antecedentes.

De algum modo, e sob diferentes pautas de realização, tudo o que criamos é cultura. Tudo aquilo o que nós, os seres humanos, desde algum dia e ininterrompidamente até hoje incorporamos ao mundo através de nosso trabalho motivado, reflexivo e dotado de significados, constitui o conjunto ordenado de nosso *mundo de cultura*. Assim, em um primeiro pequeno voo podemos imaginar que a cultura envolve, articula e faz interagirem as múltiplas unidades e os diferentes sistemas de coisas, de objetos, de técnicas de relacionamentos com a natureza (a pesca, a caça e a agricultura), de processos sociais de saberes (da culinária à filosofia), de complexos de valores e as suas gramáticas e regras de posições e de relações sociais: quem é quem e quem para quem? Quem pode ou deve fazer o que com quem?

Enfim, nós nos tornamos humanos criando um mundo de cultura no qual passamos, sem nunca deixarmos de viver, ao mesmo tempo, no mundo de natureza que nos é dado. Quando você respira é natureza. Quando respira em posição de Lótus, praticando Yoga, é cultura.

Eis-nos, seres habitantes da cultura e da sociedade, e não apenas porque exista entre nós uma espécie de estrutura de relações determinadas por alguma divisão do trabalho e dos frutos do trabalho. Formigas, cupins e abelhas vivem em comunidades regidas pela divisão natural do trabalho, onde cada tipo de ser coletivo — mas não de sujeito social — nasce já pré-ordenado a uma função, em uma dimensão da vida do formigueiro ou da colmeia.

Não apenas, ainda, porque haja em nossos mundos de vida social — da pequenina aldeia indígena a uma megacidade — algum rígido sistema de formas estereotipadas de relacionamentos entre machos e fêmeas, entre crianças e adultos, entre mestres e aprendizes, entre operários e patrões. Alguns **bandos de macacos** antropomorfos fazem isto com rara sabedoria **instintiva**.

O que acontece estabelece uma diferença fundadora está no fato de que na dimensão de vida humana a construção e a ordenação da vida coletiva passa da ordem da necessidade para a ordem da liberdade. Abelhas criam coletividades da mesma maneira desde que existem. Assim como sempre constroem as mesmas colmeias. Macacos podem ao longo do tempo fazer variar a ordem de poder de seu bando. Nós não apenas criamos as mais diversas formas culturais do viver-juntos, como ao longo do tempo podemos variar substantivamente uma forma antes consagrada.

Tantas vezes ouvi sendo dito por teólogos: "Deus, que poderia nos ter criado definitivamente perfeitos, preferiu nos criar imperfeitamente livres". Havendo ou não um deus que corresponda a esta frase, a verdade é que um primário poder de escolha e uma crescente experiência individual e coletiva da liberdade nos fez humanos.

Sabemos já que esse acesso à liberdade de escolhas múltiplas no pensar, no criar, no fazer, no agir, no sentir, no viver, enfim, significou a passagem do domínio da biologia inscrita no corpo do indivíduo e na lógica natural da espécie, para o domínio da reflexão, da imaginação simbólica, da possibilidade de conviver com o tempo físico transformado em temporalidade cultural (o "ontem", o "hoje" e o "amanhã"), e, portanto, da escolha entre múltiplas alternativas individuais e coletivas. Alternativas de escolha de atos, gestos e destinos que, mesmo quando "destinadas" ao controle dos impulsos da natureza sobre o corpo do homem, sobrepõem à lógica da natureza uma lógica da cultura, vivida como símbolo, logo, como sentido e valor.

Qualquer que seja a sua origem, praticamente todas as teorias de cultura desembocam na ideia de que o homem emerge à cultura, e se torna humano como sujeito *de* e *na* cultura, no momento em que incorpora à ordem da natureza a realidade do símbolo. Isto é, a inevitável possibilidade de se opor à própria natureza e pensá-la para si, como valor, como sentido, e uma aberta alternativa de combinação de significados, logo, de ordenações da vida coletiva e de compressões desta mesma vida. Se, de um lado, uma dimensão essencial a vida humana acontece dentro das e sendo regida por instituições sociais em que se ordena e divide qualquer tipo de sociedade, como a economia, o poder de estado, a família, a religião e a igreja, de outro lado tais instituições e o feixe de relações sociais que elas realizam constituem a própria realidade histórica e cotidiana da cultura de uma sociedade. Construímos os mundos sociais em que depois nos obrigamos a viver. E se os desconstruímos é para, a seguir, reconstruir outros.

Este é o sentido em que devemos compreender que em termos antropológicos não existe uma sociedade, uma economia, uma política, uma religião... e uma cultura, seja entre os incas do passado, seja entre os aymaras ou colombianos urbanos de agora. O que existe como cultura são teias e tramas ordenadas e ordenadoras de significados e de orientação da conduta das relações entre os homens e a natureza e entre categorias de homens, entre eles. Vividas e realizadas em diferentes ordens de transações e reciprocidades, elas tomam, em diversos planos interativos de/em uma mesma sociedade, o nome de economia, de política, de sistema de parentesco, de complexo científico, de "mundo das artes", de religião ou de filosofia da sociedade que configuram.

2. NO ENTANTO, O QUE É MESMO, ANTROPÓLOGOS, A CULTURA?

Quando Edward Tylor propõe em 1871 a sua famosa definição de cultura, todas as ideias sugeridas até aqui estavam em embrião. De então até hoje os especialistas se deram ao trabalho de inventar algo mais do que duzentas outras definições para a cultura (a mesma que os felizes povos indígenas podem viver plenamente sem precisar definir), cujas principais oposições nos envolverão mais adiante. Entretanto, fiquemos por agora com Tylor:

> (Cultura) tomada em seu amplo sentido etnográfico é este todo complexo que inclui conhecimentos, crenças, arte, moral, leis, costumes ou qualquer outra capacidade ou hábitos adquiridos pelo homem como membro de uma sociedade. (Tylor, apud Laraia, 2006, p. 25)

Já que nas páginas seguintes vamos estar às voltas com algumas diferenças teóricas na compreensão da cultura, fiquemos por agora com as ideias através das quais há muitos anos um dos primeiros antropólogos, Kroeber, procurou estabelecer um consenso sobre o que a cultura é e como ela age. Tomo a sua síntese de um oportuno livro de Roque de Barros Laraia: *Cultura, um conceito antropológico*. Ampliei um pouco as ideias originais de Kroeber a respeito da cultura e deixei de lado alguns itens que não interessam aqui.

1ª) A cultura faz o homem transcender da ordem da natureza para uma lógica não determinada pela herança genética. É ela que molda e determina o comportamento humano e justifica para ele próprio as suas ações e realizações.

2ª) A cultura é ordenada. Ela é uma construção sistêmica de padrões fundados em conhecimentos e valores. O homem age e significa a sua ação e a sua vida no mundo de acordo com padrões culturais. Nele, os instintos e o jogo dos poderes da natureza foram anulados com o passar do tempo, pois o dado simbólico da cultura se inscreve tanto na objetividade da vida social quanto no próprio cérebro humano.

3ª) A cultura é um meio exclusivamente humano de adaptação aos mais diferentes ambientes ecológicos. Em vez de modificar, para isso, o seu aparato biológico, por herança genética, como fazem todos os animais, o homem modifica culturalmente esse próprio ambiente.

4ª) Em decorrência de sua capacidade de intencionar o seu meio e transformá-lo, de acordo com suas necessidades de sobrevivência, mas também de acordo com a maneira múltipla e diferenciada como cada grupo social humano se relaciona simbolicamente com a natureza, o homem foi o único ser vivo e relacional capaz de romper com as barreiras das diferenças ambientais, tornando toda a Terra o seu habitat.

5ª) Criando o mundo de cultura como o seu modo de viver a sua relação com o mundo de natureza, o homem depende cada vez mais do seu conhecimento, da acumulação de saber e do aprendizado. Depende do que ele aprende, testa e sabe, mais do que de padrões e atitudes geneticamente determinadas, para agir sobre o mundo e sobre ele próprio. (Laraia, 2006, p. 49-50)

Procuremos aprofundar a listagem de Kroeber com o aporte de outras ideias. Em um pequeno e sugestivo livro, *Antropologia ecológica*, Walter Neves lembra que desde pelo menos a década de 1960, a Antropologia configurou-se entre dois eixos fundamentais de compreensão do que seja a cultura. Esta nova "dupla visão" não é a mesma que deixamos para trás em alguma página anterior.

Um eixo do pensar dedicou-se ao estudo dos elementos materiais necessários à solução de problemas de sobrevivência dos grupos humanos, ao lado de suas repercussões diretas sobre a organização destes próprios grupos como sociedades humanas. O eixo outro concentrou-se em pesquisas dirigidas à compreensão das "dimensões espirituais" da mente humana, a partir de sua específica capacidade de agir através de processos de simbolização e de significação de todas as coisas (Neves, 1996, p. 13).

Walter Neves toma emprestada uma das classificações lembradas em um estudo célebre de Roger Keesing. A um lado de um grande divisor de águas estão situadas as teorias adaptativas da cultura. Aquelas que Walter Neves irá em conjunto chamar de "teorias da barriga" ("primeiro comer, depois, filosofar"). Estas teorias, em geral próximas a compreensões de tipo materialista e/ou ecologista da pessoa humana e da sociedade, tendem a associar o aparato cultural a sistemas e padrões de comportamento destinados a adaptar comunidades humanas às condições de seus ambientes naturais, garantindo assim a sobrevivência de seus indivíduos e, no correr do tempo, a do próprio grupo social.

Em uma outra vertente estão as teorias idealistas da cultura. Aquelas a que Walter Neves chamará de "teorias do pensamento" ("comemos símbolos através de alimentos, e comemos porque pensamos"). Entre as suas diferentes concepções, ambas convergem em que a *cultura* articula sistemas de símbolos e significados através dos quais pessoas e grupos humanos interagem, comunicam-se atribuem sentido ao que sentem, pensam e fazem.

Tal como veremos mais adiante com Clifford Geertz, a cultura talvez valha mais pelo que "diz", através de gestos que conduzem como símbolos e significados, do que pelo que ela "faz" ou realiza "concretamente", por meio de atos práticos destinados à manipulação produtiva da natureza e à ordenação pragmática da vida social. Isto equivale a dizer que a cultura pode ser compreendida bem mais pelo que ela "fala" aos/para/entre os seus integrantes, do que pelo que eles "fazem" através dela.

Não será difícil neste ponto imaginar que possivelmente esteja acontecendo com a Antropologia — e com todas as Ciências Sociais de modo geral — o mesmo que vemos acontecer com a Biologia e a Física. Ao descobrirem em tempos recentes que as "coisas do universo e da vida" são constituídas de partículas menores, elas próprias formadas de outras, menores ainda, cientistas da vida e do universo desvelam, entre o fóton e o DNA, que importa mais a própria dinâmica das relações entre todas as partículas e entre elas e o todo que configuram e de que são parte, do que a especificidade de cada uma, tomada em si mesma.

E começam a compreender, de igual maneira, que onde parecia haver uma regularidade mecânica próxima à dos grandes e pequenos relógios, existe, na verdade, uma possibilidade de construção da matéria, da energia e da vida regida muito mais pela interação de indeterminantes do que pela regularidade das mesmas relações previsíveis. Interação, integração e indeterminação parecem ser agora os princípios geradores das teorias atuais, elas próprias diversas e muitas vezes apenas transitórias.

Também os cientistas da pessoa, da cultura e da sociedade vivem agora uma afortunada passagem da estrutura de "coisas" para redes de relações entre os integrantes criadores do que antes foram "coisas". Convergem do que era isolado e materialmente "coisificado", em direção a eixos e feixes de interações entre um mundo antes "lá", separado, e os sujeitos — nós — partes integrantes de tudo e do todo que pensávamos "de fora" observar. Aos poucos nós nos vemos passando do olhar colocado sobre regularidade mecânica das estruturas e de sua suposta "relogicidade" dos seus processos, em direção a feixes articulados de alternativas abertas, indeterminações e variações em tudo o que existe e, sobretudo, entre tudo o que existe. Nós e aquilo que "está aí diante de nós" somos não mais a antinomia sujeito-objeto, mas a integração entre partes diferenciadas, mas componentes de mesmas dinâmicas e imprevisíveis totalidades.

Assim, nós nos vemos passando de estruturas determinadas e determinantes do existente e de seus acontecimentos, para o jogo nem sempre previsível das interações entre diferentes sujeitos sociais. Nós nos vemos como quem abre uma porta e caminha agora em direção a novas e infinitamente complexas e interligadas integrações entre categorias de fatos e de eventos, criadoras e transformadoras do próprio acontecer da vida humana e humanamente cultural. Vivemos, enfim, a passagem da procura de leis únicas e perenes para "fatos sociais considerados como coisas" à procura de significados que tudo diferenciam e que tudo interligam entre nossas vidas e mentes e entre o que, reciprocamente, elas criam como sociedades e suas culturas.

Neste campo, algo começou a suceder pelo menos desde o final dos anos 1950. E creio ser importante compreendermos o que houve e segue acontecendo, se desejamos desvelar algo sobre a realização social *da* cultura e sobre ações intencionais *sobre as* culturas. O que houve então foi em boa parte uma reação a uma visão funcional demais e ainda bastante "biologista" a respeito da cultura. Foi quando alguns estudiosos começaram a estabelecer outras perguntas a respeito do que parece ser de fato o fundamento da experiência da cultura. Afinal, desde um ponto de vista objetivo, social e público, como dirá um pouco mais à frente Clifford Geertz, qual é o elemento essencial que torna alguma coisa vivida entre seres humanos e pensada por eles... uma realidade da cultura?

Ora, para reagir a uma suposta ou real materialidade da ideia de cultura, tal como proposta na antiga e famosa definição de Edward Tylor, alguns antropólogos começaram a deslocar a própria ideia de cultura do domínio dos seus produtos sociais — como uma mesa, um computador, um livro, uma língua, uma canção, uma ciência, um sistema jurídico ou uma religião — para os atos humanos, entre o partilhar e o fazer, supostamente criadores de tudo o que antes aparecia como "os produtos da cultura". Deslocaram o feito para o fazer, e se viram frente ao comportamento humano.

Viram-se frente à sua concretude visível em diferentes modalidades de situações interativas. Ou, então, viram-se diante do domínio de uma idealização do agir humano, como formas-padrão do comportamento, consideradas então como diferentes modalidades de abstração de condutas ou de comportamentos, inclusive comportamentos mentais e de matriz cognitiva, através dos quais a realidade interativa da vida social torna-se viável e se realiza como um tipo de sociedade.

Uma passagem tomada de um artigo de Leslie White poderia ser o melhor exemplo das variações mais atuais da compreensão da cultura.

> Houve um tempo, porém, em que existia um alto grau de uniformidade quanto à compreensão e ao uso do termo cultura. Durante as últimas décadas do século XIX e nos primeiros anos do século XX, a grande maioria dos antropólogos mantinha-se fiel ao conceito expresso por E. B. Tylor, em 1871, nas primeiras linhas de *Cultura primitiva*: "Cultura... é todo complexo que inclui conhecimento, crença, arte, moral, leis, costumes e todas as outras capacidades e hábitos adquiridos pelo homem como membro da sociedade".
>
> Tylor não torna explícito, em sua frase acima, se a cultura é uma possessão particular do homem; porém, isso está aí subentendido e, em outras partes, clara e explicitamente apresentado (Tylor, 1881, p. 54, 123), onde trata da "grande distância mental entre nós e os animais". Para Tylor, cultura era o nome de todas as coisas e acontecimentos peculiares à espécie humana. Ele enumera, especificamente, crenças, costumes, objetos — "machadinha, martelo, formão" etc. — e técnicas — cortar lenha, pescar... Caçar animais com arma de fogo e lanças, fazer fogo! Etc. (Tylor, apud White, 1963, p. 3-6)

O conceito de Tylor dominou, de modo geral, o campo da antropologia, durante décadas. Em 1920, Robert H. Lowie começou seu trabalho *Sociedade primitiva*, citando a "famosa definição de Tylor". Nos últimos anos, entretanto, as concepções e definições de cultura multiplicaram-se e são as mais variadas possíveis.

Essa é a conclusão a que chegaram Kroeber e Kluckhohn na extensa revisão que fizeram do assunto: *Cultura — um exame crítico de conceitos e história* (1952, p. 155-169). Esta é também a definição dada por

Beals e Hoijer no livro didático *Uma introdução à antropologia* (1953, p. 210, 219, 507, 535). Num trabalho mais recente, *Antropologia cultural* (1958, p. 16, 427) Felix M. Keesing define cultura como "a totalidade de comportamento aprendido e transmitido socialmente".

Grande parte da discussão em torno do conceito de cultura, nestes últimos anos, tem-se preocupado com a distinção entre cultura e comportamento humano. Durante muito tempo inúmeros antropólogos se contentavam em definir cultura como um comportamento peculiar à espécie humana, adquirido pela aprendizagem e transmitido de um indivíduo, grupo ou geração ao outro, através de mecanismos de herança social. Eventualmente, porém, alguns começaram a fazer objeções a esse conceito, e surgiu o princípio de que a cultura não é, em si mesma, comportamento, e sim uma abstração do comportamento.

A cultura, dizem Kroeber e Kluckhohn (1952, p. 155), "é uma abstração do comportamento humano concreto, mas, em si própria, não é comportamento". Beals e Hoijer (1953, p. 210, 219) apoiam esse ponto-de-vista.

Os que definem cultura como uma abstração, não nos dizem o que entendem por esse termo. Eles parecem supor que eles próprios compreendem o que é "abstração", e que os outros compreenderão também. [...] Não obstante o que uma abstração, de um modo geral, possa significar para esses antropólogos, quando a cultura se transforma em "abstração" torna-se imperceptível, imponderável, e não completamente real. Segundo Linton, "a cultura propriamente dita é intangível e não pode ser apreendida diretamente, mesmo pelos indivíduos que dela participam (1936, p. 288-89). Herskovits também chama a cultura de "intangível" (1945, p. 150). Os antropólogos, no simpósio imaginado por Kluckhohn e Kelly (1945, p. 79, 81), argumentam que "podemos ver coisas tais como os indivíduos e suas ações e interações" mas "alguém já viu a cultura?" (Beals e Hoijer, 1953: 210) dizem que "o antropólogo não pode observar a cultura diretamente..." (White, 1961, p. 1-2)*

---

* Aqui utilizei uma apostila do Movimento de Educação de Base, que em 1963 publicou o texto mimeografado de Leslie White.

Segundo alguns estudiosos da pessoa e da sociedade, uma diferença importante entre a psicologia e a sociologia está em que a primeira estuda o homem e os seus momentos, enquanto a outra estuda os momentos do homem. Como toda ideia contida em um pequeno jogo de palavras, esta pequena fórmula é incompleta e imperfeita. Mas ela nos ajuda a pensar territórios e domínios do saber. Pois o dilema, descrito de maneira sumária na longa citação anterior, está em que chega um tempo em que a antropologia desconfia da própria substância de seu campo de investigação do fenômeno humano: coisas e crenças, ferramentas e técnicas de trabalho, ordens sociais e suas gramáticas, ritos e códigos. A cultura, enfim!

Leslie White em seus estudos procura, próximo ainda aos físicos e aos biólogos, alguma unidade fundadora da cultura, junto com a lógica das suas relações, dentro e fora de seu próprio domínio de existência e de transformações. E ele a encontra no *símbolo*. Dito de outra maneira, ele encontra a substância fundadora da cultura em tudo o que existe na e através da atividade simbólica dos seres humanos. Uma longa citação de uma passagem de seu artigo será esclarecedora aqui... Espero!

O primeiro passo no procedimento científico é observar, ou, mais generalizadamente, experimentar o mundo exterior de uma maneira sensorial. O passo seguinte — após os objetos da percepção terem sido traduzidos em conceitos — é a classificação de coisas e acontecimentos do mundo exterior percebidos ou experimentados. As coisas e acontecimentos do mundo exterior são, assim, divididos em várias espécies de classes: ácidos, metais, pedras, líquidos, mamíferos, estrelas, átomos, corpúsculos etc.

Acontece, porém, que existe uma classe de fenômenos de grande importância para o estudo do homem, para o qual a ciência ainda não encontrou um nome: trata-se da classe das coisas e acontecimentos que consistem ou dependem da simbolização. Uma das coisas mais notáveis na história recente da ciência é o fato dessa importante classe não ter nome; a verdade, porém, é que não existe nome para ela. A razão disso é terem sido essas coisas e acontecimentos sempre considerados e designados não simplesmente como as coisas e acontecimentos que são em si próprias, mas sempre como coisas e acontecimentos num contexto especial.

Uma coisa é o que ela é; uma rosa é uma rosa. Os atos não são em primeiro lugar atos éticos ou atos econômicos ou atos eróticos. Um ato é um ato. Um ato torna-se um dado ético ou um dado econômico ou um ato erótico quando — e somente quando — é considerado dentro de um contexto ético, econômico ou erótico. Um vaso chinês de porcelana será um espécimen científico, um objeto de arte, um artigo de comércio ou um documento num processo legal?

A resposta é óbvia. Na verdade, chamá-la de "um vaso de porcelana chinês", já é colocá-lo dentro de um determinado contexto; seria melhor dizer primeiro: "uma forma envernizada de argila queimada é uma forma envernizada de argila queimada". Como vaso de porcelana chinês ele torna-se um objeto de arte, um espécimen científico ou um artigo de mercadoria quando, e apenas quando é considerado num contexto estético, científico ou comercial.

Voltemos, agora, para a classe de coisas ou de acontecimentos que consistem em, ou dependem da simbolização: uma palavra falada, um machado de pedra, um fetiche, evitar a sogra, detestar leite, rezar uma oração, aspergir água benta, um vaso de barro, votar, guardar a santidade do domingo — "e quaisquer outras capacidades e hábitos (e coisas) adquiridos pelo homem como membro da sociedade (humana)". (Tylor, 1913, p. 1)

Elas são o que são: coisas e atos que dependem de simbolização. Podemos colocar essas coisas-e-acontecimentos-dependentes-de-simbolização em vários contextos: astronômico, físico-químico, anatômico, fisiológico, psicológico e culturológico e, consequentemente, eles tornar-se-ão fenômenos astronômicos, físicos, químicos, anatômicos, fisiológicos, psicológicos e culturológicos. Todas as coisas e acontecimentos dependentes de simbolização são, também, dependentes da energia solar que sustenta a vida neste planeta; este é o contexto astronômico.

Essas coisas e acontecimentos podem ser considerados e interpretados face a processos anatômicos, neurológicos e fisiológicos dos seres humanos em que são encontrados. Eles podem, também, ser considerados e interpretados face à sua relação com organismos humanos, i.é., num contexto somático. Podem, também, ser considerados num contexto extra-somático, i.é., face à sua relação com outras coisas e acontecimentos semelhantes, em vez de sua relação com organismos humanos.

Quando as coisas e acontecimentos dependentes de simbolização são considerados e interpretados face à sua relação com organismos humanos, i.é., num contexto somático, eles podem ser adequadamente chamados de comportamento humano e, a ciência, psicologia. Quando as coisas e acontecimentos dependentes de simbolização são considerados e interpretados num contexto extra-somático, i.é., face à relação que têm entre-si, em vez de com os organismos humanos, podemos chamá-los de cultura e, a ciência, culturologia. (White, 1963, p. 4-5)

Para o seu pesar, o nome sugerido por ele para uma nova ciência — culturologia — foi bem depressa esquecido. É através deste raciocínio que o nosso antropólogo procura alcançar uma interpretação da ideia de cultura que possa constituir um fundamento mais ou menos estável e confiável à antropologia. Ninguém duvida de que o mundo em que nos movemos não é linear. E nem se realiza com um edifício de coisas-pessoas-e-símbolos, com andares superpostos uns sobre os outros. Ele é, antes um entrelaçamento, uma teia, uma tessitura de teias e de atos e gestos do pensar e do agir, visíveis ao olhar de quem busca compreendê-los, como complexos de comportamentos interativos.

Basta alguém ver (como imagens gráficas), ler (como sinais dotados de significados) e buscar compreender (como atos mentais significativos) as palavras escritas neste parágrafo, para se ter diante dos olhos e na mente a realidade visível e compreensível do que Leslie White chama de "acontecimentos, hábitos e coisas dependentes de simbolização".

Um psicólogo piagetiano pode dedicar anos de sua vida ao estudo sobre como crianças adquirem a "capacidade" de compreender e de utilizar os símbolos e significados de uma língua materna. Um fonoaudiólogo pode devotar-se à pesquisa de fazer com que crianças e jovens com "problemas de voz e de fala" reaprendam a emitir de maneira correta o repertório de sons e de silêncios que constituem a sua "língua falada". De igual maneira, uma psicopedagoga pode trabalhar a vida inteira com crianças com problemas na aquisição e na utilização da sua "língua escrita". Todos e todas estarão estudando questões originadas em, ou estarão lidando com práticas destinadas a diferentes planos de aprendizagem e correção de problemas de relacionamentos entre pessoas e pessoas, ou entre as pessoas e os seus símbolos. Afinal, entre nós, seres humanos, existirá algum tipo de comportamento interativo que não se origine de uma criação simbólica, e dispense o símbolo, o sentimento, o saber, o sentido e o significado?

Um arqueólogo poderá dedicar-se por anos e anos a descobrir, inventariar e compreender o que significam — o que quiseram e querem "dizer" — os restos materiais em que foram deixados entre ruínas, sob a terra, os fragmentos de sistemas, alguns símbolos cheios de sentido na sociedade que os deixou em muros de pedras, restos de casas, vasos de porcelana, altares de templos, utensílios do trabalho artesanal, tábuas da lei, pergaminhos ou placas de barro com algo desenhado ou escrito há milhares de anos. Sinais simbólicos da existência de alguma complexa comunidade humana de há muito desaparecida e cuja cultura emerge mil e trezentos anos depois. Macacos da floresta vizinha, antes e depois do surgimento e do desaparecimento "daquela sociedade", deixaram e seguem deixando, entre os galhos das árvores e o chão abaixo deles, apenas os sinais naturais de sua presença.

Um linguista, mesmo quando muito distante no tempo da possibilidade de observar "ao vivo e a cores" a atualidade das relações interativas de pessoas de algum povo do passado remoto, quando entre eles seus homens e mulheres se falavam ou se escreviam, poderá devotar-se a comparar a decodificar e traduzir para sua própria língua atual um arcaico e "desaparecido" sistema linguístico, aos seus olhos, presente ainda. Com mais sorte poderá ousar comparar diferentes modalidades de sistemas de fala e de escrita de povos que viveram há onze séculos atrás em uma mesma região do planeta.

O arqueólogo e o linguista estarão procedendo de maneiras algo semelhantes, mas algo diferente dos seus companheiros da psicologia. Estarão tentando descrever e interpretar relações sociais através de símbolos e de significados. Aos psicólogos interessa a atualidade dos relacionamentos interativos, logo, dos comportamentos atuais entre tipos de sujeitos sociais, vividos através de sistemas de símbolos (como as letras do alfabeto ou as palavras de uma língua) e de significados (como o que se escreve e o que se compreende através de articulações entre letras e palavras de uma língua).

Já aos arqueólogos e aos linguistas, como também aos antropólogos, interessa mais a relação que os símbolos e significados de uma cultura mantêm entre eles, mantêm entre eles e os seus sujeitos criadores, intérpretes e usuários, e, finalmente, tornam possível a existência recíproca entre seus sujeitos... que sem os seus símbolos viveriam vidas como as dos macacos, que do alto de suas árvores os olham com ancestral desconfiança!

E é pela via de um tal pensamento que Leslie White chega a uma proposta de conceito de cultura.

> A cultura é pois, uma classe de coisas e de acontecimentos dependentes de simbolização, considerados dentro de um contexto extrassomático. Esta definição livra a antropologia cultural das abstrações intangíveis, imperceptíveis e ontologicamente irreais e proporciona-lhe uma disciplina verdadeira, sólida e observável. Faz, também, uma distinção severa entre comportamento — organismos do comportamento — e cultura; entre as ciências da psicologia e a ciência da cultura. (White, 1963, p. 9)

Não muitos anos mais tarde, um outro antropólogo norte-americano, Clifford Geertz, arriscou-se a amplos e consistentes estudos sobre os fundamentos da cultura. Em um livro até hoje bastante lido, divulgado, controvertido e polêmico, ele procura estabelecer uma teoria antropológica em que a cultura possa recuperar a sua "concreta realidade". Algo que a seu ver no curso do tempo ela estava perdendo.

Na teoria interpretativa de Clifford Geertz a *cultura* é compreendida como uma realidade humana ao mesmo tempo efêmera e estável. No entanto, à diferença de outras teorias que ele critica, a cultura deve ser interpretada como algo sensorialmente visível, concretamente pensável e teoricamente confiável. Isto porque, antes de habitar "mentes" e "imaginários", a cultura é socialmente pública. E ao ser publicamente construída e partilhada por e entre pessoas reais no acontecer de situações cotidianas, ela se cria mais numa praça onde pessoas se encontram do que no inconsciente humano, onde algo nunca inteiramente decifrado ao mesmo tempo se oculta e indireta e obliquamente se mostra. A cultura é algo que está mais *entre* do que *nas* pessoas, na mesma medida em que de muitas maneiras ela circula em casa, na escola, nas ruas e praças públicas. Algo como uma senha que aqueles que partilham um mesmo mundo de reciprocidades conhecem. Conhecem, partilham e diferentemente interpretam, como as histórias, as estórias, os mitos e as lendas que as pessoas de uma família ou de uma aldeia contam, falando *sobre* elas próprias, *entre* e *para* elas mesmas.

Algo que, sem ser exatamente o território de uma realidade social, vale como o, ou um seu mapa; como um estatuto; como uma carta de rumos. Ou como a gramática da língua que se fala, mas também a dos gestos que devem ser feitos aqui e ali, e está diversa e semelhantemente escrita e inscrita nas roupas que se veste, nas comidas que cada categoria social de pessoas pode e deve comer, e na maneira como cerimonialmente se reúnem para comê-las. Como um complexo texto aberto a múltiplas leituras, onde o gesto simples de dois corpos que se unem amorosamente em uma cama podem ser lidos e compreendidos como um poema de amor, como um código social da sexualidade, como um manual erótico, como um fato biológico através do qual nossos genes, para se reproduzirem indefinidamente, nos forçam a inventar o amor, o desejo, a sedução, e os seus derivados.

Uma nova antropologia pensa a cultura a partir do reconhecimento de que se tudo o que é social começa, de um modo ou de outro, na unidade visível ou imaginável dos diversos comportamentos pessoais e de interações interpessoais, ela deve ter o seu ponto de origem em/entre pessoas reais, tal como elas se reconhecem e se comportam umas para com as outras. Assim sendo, podemos reconhecer algo que é o próprio ato do comportamento e de seu significado pessoal, interativo e relacionalmente psicológico. A seguir, podemos reconhecer algo contido naquilo que torna comportamentos individuais e relacionais alguma coisa plausível, reconhecível e interpretável entre os seus atores sociais.

Podemos identificar as palavras, os símbolos, as ideias, os significados objetivamente presentes no contexto cultural em que comportamentos pessoais e as condutas interativas acontecem. Algo existente em mim. Presente dentro de mim, em algum lugar de minha memória, de minha inteligência, de minha personalidade de meu eu, como uma pessoa nascida e passo a passo socializada em meu próprio mundo cultural. Podemos compreender isto como algo concreta e visivelmente existente também na objetividade social e na realidade simbólica do mundo de interações que convivemos e compartimos a cada momento e ao longo de uma vida vivida com, entre e através de outras pessoas.

Este é o momento de trazer aqui uma passagem bastante conhecida do livro mais conhecido de Clifford Geertz: *A interpretação das culturas*. A passagem que trago aqui é do capítulo "Uma descrição densa: por uma teoria interpretativa da cultura". Alguns anos após Leslie White, Clifford Geertz lamenta por escrito que a antropologia de seu tempo estava mergulhada em um "pantanal conceitual". A de hoje está mais ainda.

O pantanal conceitual para o qual pode conduzir a espécie de teorização *pot-au-feu* tyloriana sobre cultura é evidente naquela que ainda é uma das melhores introduções gerais à Antropologia, o *Mirror for man*, de Clyde Kluckhohn. Em cerca de vinte e sete páginas do seu capítulo sobre o conceito, Kluckhohn conseguiu definir a cultura como: (1) "o modo de vida de um povo"; (2) "o legado social que o indivíduo adquire de seu grupo"; (3) "uma forma de pensar, sentir e acreditar"; (4) "uma abstração do comportamento"; (5) "uma teoria, elaborada pelo antropólogo, sobre a forma pela qual um grupo de pessoas se comporta realmente"; (6) "um celeiro de aprendizagem em comum"; (7) "um conjunto de orientações padronizadas para os problemas recorrentes"; (8) comportamento aprendido"; (9) "um mecanismo para a regulamentação normativa do comportamento"; (10) "um conjunto de técnicas para se ajustar tanto ao ambiente externo como em relação aos outros homens"; (11) "um precipitado da história". (Geertz, 1989, p. 14)

Ora, para superar uma materialidade indevida na ideia de cultura, ali onde ela se configura presa aos produtos do trabalho humano diante de seu meio ambiente e em seu mundo social, chegou o tempo em que a antropologia pareceu pretender reduzir a cultura ao processo fundador de sua unidade operante: o comportamento humano, como vimos já. E é bem contra isso que a partir de um certo momento alguns antropólogos começaram a reagir. Pois ancorar a cultura no comportamento equivale a entregar à psicologia boa parte do campo de estudos da antropologia.

E por quê? Porque então a existência objetiva da cultura, como processo e como produto das interações significativas entre seres humanos da cultura, dissolve-se inteiramente na realidade visível, mensurável e descritível dos comportamentos interativos de pessoas e entre pessoas, em suas mais diversas modalidades de realização.

Por outro lado, parece evidente que a cultura, como algo que antes de acontecer em atos e gestos de/entre pessoas, preexiste nas diferentes esferas da vida social e na concretude de uma sociedade que abriga objetivamente tais "vidas" e os seus gestos, atos, comportamentos e interações entre categorias de pessoas.

Em muitos momentos da história dos povos, os seus sujeitos e os seus comportamentos desapareceram, as pessoas — atores e autores de seus gestos morreram — e, portanto, deixaram de fazer e viver o que viviam e faziam. Desaparecem biologicamente todos os que em algum momento "se comportaram", no sentido em que, pelo menos nesta dimensão da vida, não dá mais para se falar do comportamento atual "dos gregos e dos troianos dos tempos de Homero". Desapareceu tragada pela guerra e pelo tempo a própria Troia. Mas as culturas que aquelas arcaicas vidas pessoais e interativas criaram e o que elas partilharam dos muros de pedra às preces inscritas nas paredes do templo, dos relatos deixados de sua história aos seus poemas de amor, isto sim, permanece. Podemos ver os seus trabalhos de arte nos museus. Podemos decifrar e aprender a falar e a escrever de novo as suas línguas. Podemos recuperar os seus textos escritos e aprender, milhares de anos depois, a recriar as suas epopeias, a ler as suas preces ou mesmo a orar aos seus deuses, a fazer comidas com as suas receitas. E, se ousarmos, podemos até mesmo a procurar pensar e sentir como eles pensaram e sentiram.

Ora, podemos submeter os "momentos dos homens", como a experiência original de sua cultura, de seus modos consagrados de ser, viver, conviver e pensar, assim como as suas crenças, as suas gramáticas sociais, as suas religiões, as suas artes e tudo o mais que algum gesto criador gerou em algum momento, aos "homens e seus momentos", isto é, às unidades de seus comportamentos interativos.

Max, ao olhar de uma antropologia atual, isto seria o mesmo que abrir mão de compreender que estes mesmos comportamentos de/entre pessoas foram e são os que criaram e seguem criando o que adiante Clifford Geertz chamará de "as teias e tramas de símbolos e significados", que tornam possível, partilhável, consolidada e compreensível para os seus próprios atores e para outras pessoas, as suas próprias ações interativas. Enfim, o próprio comportamento como algo gerado e compartido entre indivíduos humanos que são, também, pessoas sociais. E Clifford Geertz sugere esta compreensão de cultura:

> De qualquer forma, o conceito de cultura ao qual eu me atenho não possui referentes múltiplos nem qualquer ambiguidade fora do comum,

segundo me parece: ele denota um padrão de significados transmitido historicamente, incorporado em símbolos, um sistema de concepções herdadas expressas em formas simbólicas por meios das quais os homens comunicam, perpetuam e desenvolvem seu conhecimento e suas atividades em relação à vida. (Geertz, 1989, p. 103)

Saltemos deste a um outro capítulo. Nele eu retomo algumas ideias sobre a cultura. Sobre as culturas, na verdade.

6

Igualdade e diferença:
As culturas, os saberes e as artes minhas e dos outros

Temos direito à igualdade sempre que a diferença nos inferioriza, temos direito à diferença sempre que a igualdade nos descaracteriza.

Boaventura de Sousa Santos

1. COMO SE ORA? A QUEM? A QUE EM NOME DO QUÊ?

Eu convido você a iniciar este novo capítulo lendo com atenção uma pequena sequência de orações completas, ou de fragmentos de orações. Elas foram todas tomadas de um mesmo livro com seleção e tradução para o Português de Rose Marie Muraro e de Raimundo Cintra.

Prece dos indígenas Algonquinos (Califórnia, EUA)

Pai, homem de cima
nós te agradecemos
por nos permitires
viver nesta terra.

Que nossos pensamentos e orações
possam chegar até sua morada no céu.
Que a fumaça de nossos cachimbos suba a ti.

Ó Senhor, que reinas
acima das montanhas,
das árvores
e das águas,

nós te agradecemos
por todas as coisas que nos deste:
os frutos,
a caça,
o peixe,
a gordura do urso.
Foste bom para nós,
estamos contentes contigo.
Nós te agradecemos por sermos numerosos
E podermos nos reunir
Para te invocar.
Muraro e Cintra (2006, p. 27)

Prece dos indígenas Lenape (EUA)

Dai-nos bom tempo,
pesca abundante
caça farta.
Por que fechas os olhos diante da neve?
Quer comamos,
bebamos,
olhemos em torno de nós.
Vemos que é Ele quem nos dá tudo isso.
Sejam puros os nossos pensamentos.
Devemos invocá-lo todos os dias...
(2006, p. 28)

Prece dos Esquimós (Inuit) do Ártico

Sim, eu creio em um ser poderoso quem chamamos Hila.
Não podemos, porém, explicá-lo com palavras ordinárias.
Ele é um espírito poderoso
Que guarda o universo,
regula as estações do ano
e mesmo toda a vida do homem.
(2006, p. 31)

Grande hino a Viracocha — antigos Incas do Peru

Ó Viracocha,
poder de tudo que existe,
seja macho
ou fêmea.

Santo, Senhor, criador da luz
que se levanta.
Quem és?
Onde estás?
Poderei eu ver-te?

No mundo do alto,
no mundo embaixo,
de que lado do mundo
se acha
teu trono poderoso?

No oceano celeste
ou nos mares terrestres,
onde habitas
Pachacamac, criador dos homens?
(2006, p. 35)

Hino a Ishtar — Mesopotâmia, 1800 a.C.

A ti imploro,
soberana das soberanas,
deusa das deusas,
Ishtar,
Rainha da totalidade dos homens,
regente dos humanos.
[...]

Sem rival, és terrível no combate,
forte na peleja,
tocha contra os inimigos
destruidora dos poderosos!
Estimulante Ishtar!
Para onde voltes teu olhar,
o morto revive,
o doente sara,
o pecador torna-se justo,
vendo tua radiosa face.
[...]
Recebe o meu clamor,
pronuncia a minha libertação!
Liberta meu corpo aflito,
cheio de preocupações e desordens.
Liberta meu coração sofredor
cheio de lamentações e suspiros!
Liberta meus tristes presságios
da perplexidade e da confusão.
Que teus olhos benevolentes se dirijam a mim.
Que teu rosto brilhante olhe para mim com fidelidade.
Faz-me ver com tua luz resplandecente!
Até quando, ó soberana
os maus estarão contra mim?
Até quando o perseguidor seguirá meus passos?
[...]
(2006, p. 45)

Hino de Louvor — Amidá, rezado nas sinagogas — tradição do judaísmo

Louvado sejas Tu, ó Senhor, nosso Deus e Deus de nossos pais.
Deus de Abraão, Deus de Isaac, Deus de Jacó,
grande, poderoso, venerado Deus, supremo.

Concedeste a misericórdia com uma grande generosidade.
Não te esqueceste das ações dos nossos pais,
Enviarás o regate para os filhos dos seus filhos,
Por causa do teu amor e pelo amor da tua glória.

Tu és o Rei que ajuda, que salva e protege.
Louvado sejas tu. Escudo de Abraão.

O teu poder, ó Senhor, é eterno.

Sustentas os vivos com misericórdia;
Com grande bondade dás vida aos mortos.
Ajudas os abatidos, curas os doentes, libertas os cativos.
[...]
(2006, p. 65)

Oração do Cristo — tradição cristã

Pai nosso
que estás nos céus,
que teu nome seja santificado,
que teu reino volte a nós,
que tua vontade seja feita,
na terra como no céu.

Dá-nos hoje nosso pão de cada dia.
Perdoa nossas ofensas
Como nós perdoamos ao que nos devem.
Não nos submetas à tentação
Mas livra-nos do Maligno.
(2006, p. 94)

Como terá sido uma primeira prece pronunciada por um nosso primeiro ancestral orante? A quem se dirigiria ele? A um animal sagrado? A um ser imaginário, mas inserido na natureza? A toda a natureza, com um ser supremo? Aos seus ancestrais? A uma dentre várias divindades antropomórficas? De que maneira teria pronunciado as suas palavras? Como um ser que se dirige a um outro: ordenando, pedindo de igual-para-igual, suplicando, implorando? Que palavras terá pronunciado? Em nome do quê? De pedir caça ou outra comida? Proteção contra inimigos? Chuva abundante e uma colheita farta (apenas presumível entre povos já agricultores)? A fertilidade das mulheres? Em nome de reconhecer simplesmente a existência de um ser-outro? Com palavras de temor? De adoração? De amor? De súplica? De gratidão? Com qual postura do corpo? A sós? Ao lado de amigos de caçada? Junto com os da sua família nuclear? Com homens de seu clã? Em um círculo restrito de sacerdotes?

Deixadas de lado algumas diferenças, as orações colhidas ao quase acaso em um mesmo livro, quase se valem umas pelas outras. Entre a primeira e a última, uma de indígenas e outra de primitivos cristãos, falam em um momento da mesma questão ancestral: que um ser de bondade e situado acima de nós nos nutra. Com caça e peixes ou com "o pão de cada dia".

Claro, as orações de povos caçadores haverão de suplicar a um deus poderoso a caça, o alimento. Mas mesmo entre povos de sociedades tribais, algumas perguntas dirigidas a uma divindade como uma súplica a que ela de algum modo se faça mostrar, se dê a conhecer, estão presentes e bem distribuídas.

Com acerto alguns especialistas em "escrituras sagradas" reconhecem em várias passagens dos livros da tradição judaica, passada depois a cristãos literalmente e, sob outras palavras, aos muçulmanos, a presença de hinos e preces de outros povos anteriores habitantes de regiões próximas, como os da Mesopotâmia e da Suméria. Na verdade, o *Hino a Isthar* bem poderia ser cantado por um sacerdote hebreu, desde que uma então impensável deusa feminina (e poderosa) fosse transformada num deus masculino e patriarcal.

Marcel Mauss, com quem já nos encontramos aqui, possui um belo e longo estudo sobre o que ele chama de "o menor dos rituais", a prece. E tanto ele quanto outros estudiosos das culturas humanas lembram que de uma pequenina prece a todo um complexo rito do sagrado, como a missa católica, tanto no que se come quanto no que se ora, tanto no que se diz, entre os olhos e as palavras, quanto no como os corpos nus de uma mulher e de um homem se entrelaçam numa cama (numa rede, nas areias de uma praia, numa esteira etc.) em tudo o que exteriorizamos a sós ou em uma comunidade, são maneiras identitárias através das quais, ao cozinharmos feijão, educarmos um filho, invocarmos um deus ou escrevermos uma carta de amor, estamos dizendo a partir de nós, entre nós e pra nós — e eventualmente para outros que não-nós — quem nós somos, porque somos assim, e que sentidos e significados emprestamos ao que pensamos e fazemos não só para fazer o que pensamos, mas para pensar quem somos através do que fazemos.

E, à falta de um nome melhor para tudo isso, alguns estudiosos de "tudo isso" lembraram-se de um dos trabalhos humanos cuja descoberta — a da agricultura — representou talvez a mais importante e persistente de todas as transformações da humanidade, e deram às "teias e tramas" disto tudo este nome: *cultura*.

2. CULTURA, CULTURAS, AS MINHAS, AS NOSSAS E AS DOS OUTROS

Procuremos refletir aqui a partir de um olhar que, sem ser histórico, reúne fragmentos e busca reconstruir algumas trajetórias através das quais somos quem somos (ou pensamos ser), vivemos, agimos e pensamos.

Logo nas primeiras linhas do Prefácio de seu livro *As palavras e as coisas*, Michel Foucault anuncia ao leitor que a ideia de seu livro nasceu da leitura de um escrito de Jorge Luís Borges.

> Este livro nasceu de um texto de Borges. Do riso que, com sua leitura, perturba todas as familiaridades do pensamento — do nosso: daquele que nossa idade e nossa geografia —, abalando todas as superfícies ordenadas e todos o planos que tornam sensata para nós a profusão dos seres, fazendo vacilar e inquietando, por muito tempo, nossa prática milenar do Mesmo e do Outro. Esse texto cita "uma certa enciclopédia chinesa" onde será escrito que "os animais se dividem em: a) os pertencentes ao imperador, b) embalsamados, c) domesticados, d) leitões, e) sereias, f) fabulosos, g) cães em liberdade, h) incluídos na presente classificação, i) que se agitam como loucos, j) inumeráveis, k) desenhados com um pincel muito fino de pelo de camelo, l) et cetera, m) que acabam de quebrar a bilha, n) que de longe parecem moscas". (Foucault, 1999, p. ix)

Eis uma enciclopédia que dá o que pensar. Qualquer um de nós, mais ou menos acostumado a pensar que pensa dentro da lógica do "pensamento ocidental", não deixará de ficar bastante espantado. Se uma tal enciclopédia existiu de fato em algum tempo na China, seria possível imaginar com que fundamentos de saberes e de princípios um cientista, ou uma equipe de sábios do Oriente, teriam estabelecido uma tal classificação? No entanto, foi a partir deste aparente ou real absurdo lógico que Michel Foucault acabou escrevendo um dos livros mais importantes a respeito de um outro tipo de pensamento: o nosso, ocidental. Afinal, por que a lógica científica da enciclopédia chinesa nos parece uma fantasia surrealista, enquanto as lógicas de nossas consagradas ciências nos aparecem como tão confiáveis, tão consistentes, tão confiadamente fundamentadas, tão "lógicas", enfim?

Algumas perguntas que tanto Michel Foucault quanto qualquer uma ou um de nós imaginaria, poderiam ser mais ou menos estas: "já que podemos pensar tudo, já que podemos imaginar qualquer coisa, de qualquer maneira, por que só pensamos assim, desta única maneira? Por que, em questões tanto teóricas quanto em questões práticas, estabelecemos que certos modos de pensar, certas deduções, certas classificações são lógicas, são corretas e são confiáveis (pelo menos por algum tempo, até quando alguém venha provar que não), enquanto outras são ilógicas, são delirantes, são erradas e, portanto, devem ser não confiáveis?

O que importa por agora é que, seja como acadêmicos de alguma instituição praticante de formas ocidentais e modernas de pensar a realidade, seja como chineses da antiguidade, seja como os indígenas Ianomâmi de agora, de uma maneira ou de outra, habitantes de qualquer sistema cultural, estamos sempre às voltas com o dilema humano (mas não dos macacos) de estarmos sempre precisando buscar significados para todos e tudo, e procurando ordenar simbólica e significativamente o nosso mundo. E para tanto, desde o passado remoto até hoje, lidamos com diversos e, não raro, contraditórios fundamentos de ciências, de filosofias, de religiões, de artes e até mesmo de livros de autoajuda?

Retomo por um momento uma ideia já duas ou três vezes lembrada ao longo deste livro. Somos seres humanos, e somos aqueles que realizam na Terra o salto do conhecimento invariante e da consciência reflexa — aquela que faz com que um chimpanzé saiba o que faz e aja de maneira inteligente — ao conhecimento complexo e à consciência reflexiva.

Isto é o que nos torna não apenas sabedores do que fazemos, mas sabedores de saber que sabemos o que fazemos. E de recordar — entre a saudade e o temor, entre o desejo e a culpa, e assim por diante — não apenas cenários, cenas e atos dos fatos que vivemos, mas também os sentimentos e significados atribuídos interativamente por mim (no diálogo entre um *eu* e um *me*), ou entre eu e outros. E daí em direção a tudo o que vivo, a tudo o que vivemos e convivemos.

Existimos em um mundo de reciprocidades de gestos e de significados portadores de símbolos que tornam significativamente culturais os nossos próprios espaços e cenários naturais. Pois o próprio "mundo natural" em que nós nos vemos vivendo é, para nós e entre nós, uma natureza experimentada como um fenômeno existente dentro e através de uma cultura. Aquilo que transforma em comunicações intersubjetivas as experiências vividas e inter-vividas neles.

Pensemos a partir de nós mesmos e de nossas vivências do cotidiano, as dimensões através das quais uma cultura opera através de nós. De uma pequena tribo indígena até uma megacidade, a todo o momento, nos mais variados lugares e nas mais diversas situações, pessoas e grupos de pessoas em interação estão fazendo algo e partilhando saberes e fazeres. Como distribuir em uma escala este fazer-agir-pensar, ao mesmo tempo pessoal, interativo, grupal, comunitário?

Em um primeiro plano estamos culturalmente vivenciando o que chamarei aqui de *práticas do fazer*. Se retornarmos por um momento ao nosso costumeiro exemplo da comida, do alimento, poderemos dizer que esta é a esfera em que uma criança aprende com sua avó como se arranca a mandioca da terra; como se descasca cada pedaço aproveitável da raiz, e como, com outros ingredientes simples, se prepara um prato de mandioca frita.

Chamemos a segunda esfera de *éticas do agir*. Ao lado dos saberes que tornam uma pessoa apta a lidar culinariamente com a mandioca, existem em todas as sociedades preceitos reunidos em códigos ou gramáticas sociais que prescrevem quem, em que local, sob que condições pode plantar, deve cuidar e pode arrancar do solo e levar para a sua casa raízes de mandioca.

De outra parte, em todo o mundo existem normas bem estabelecidas do que poderemos chamar aqui de "maneiras de estar à mesa". Talvez os nossos mais primitivos ancestrais tenham aprendido a comer os seus alimentos de uma forma semelhante à dos macacos antropomorfos. No entanto, ao mesmo tempo em que funcionalmente teremos aprendido a dominar o fogo e a nos diferenciar de todos os animais, a partir da distinção entre o cru e o cozido (ou frito, ou assado, ou moqueado e assim por diante), teremos também criado e consolidado maneiras não apenas de partilhar o alimento, mas de estabelecer com que atos práticos e gestos de sociabilidade cada quem pode comer o que come.

E num mundo de hoje, em que ao lado de um desperdício tão grande de alimentos em uma parte menor do planeta, existem tantas pessoas e famílias desnutridas ou literalmente "passando fome" é bem o caso de nos perguntarmos por que até hoje a humanidade ainda não aprendeu por inteiro algo que começou a ensinar assim que nos reunimos ao redor dos primeiros fogos acesos para partilhar juntos, de cócoras, os nossos primeiros alimentos culturalmente processados.

Podemos pensar com este nome: *lógicas do saber e do sentido*, o terceiro plano em que através de nossos gestos cotidianos um sistema cultural opera. Basta você prestar atenção ao que come todos os dias e também em dias especiais, para observar que não "comemos comida", mas alimentos. E não nos "alimentamos apenas de alimentos", mas de símbolos que partilhamos também através do que comemos e do que nos alimenta.

Não comemos tudo o que há para comer e não comemos sempre o que podemos comer apenas em situações especiais. Nós retiramos da natureza e processamos apenas frações de tudo o que "naturalmente" nos poderia servir como alimentos. Assim, através de alimentos minerais, vegetais e animais (a menos que você seja vegetariana, como eu), comemos sistemas culturais socialmente recortados do mundo social. Se você perguntar a um judeu ou a um muçulmano porque eles não comem carne de porco, e perguntar a um praticante de bramanismo porque ele não pode se alimentar de carne de vaca (mas de boi pode), e perguntar a seguir a uma amiga "vegana" por que, para além de judeus, cristãos, muçulmanos e bramanistas, ela evita qualquer alimento de origem animal inclusive derivados como ovos, leite e queijo, talvez receba dela respostas que ajudem a compreender o que escrevo aqui.

Mais acima destas "razões ideológicas", através das quais todos os nossos saberes, pensares e fazeres necessariamente recebem sentidos e significados culturais, há ainda um último plano ou uma esfera da cultura que poderemos chamar de: *universos simbólicos*.

Uma oração que ao redor de uma mesa de jantar seja proferida em comum, e dirigida a um deus acreditado pelos que logo depois dela irão se lançar sobre os alimentos postos diante deles, é uma boa evocação de todo um complexo sistema de símbolos e significados a que podemos dar o nome de: uma religião. Um outro bom exemplo poderia estar contido no momento em que em uma conversa com uma pessoa amiga você primeiro descreve em que crê, como procura agir, que sentidos procura gerar ou incorporar ao seu mundo-interior, qual a sua visão de mundo (ou da realidade social), de que maneira tudo isso orienta o "meu-modo-de-ser." E, em seguida, ao ser perguntada sobre "as razões de tudo isso", você responde com oito palavras: "porque esta é a minha filosofia de vida".

Pensar, agir, conviver, partilhar, não são modos de ser ou meros "comportamentos aprendidos". Estes verbos e mais todos os outros que dão nomes ao que fazemos entre os diversos planos em que estamos continuamente vivenciando algo, na verdade querem traduzir o que aprendemos a exteriorizar como atores--autores de dimensões e momentos de uma cultura que partilhamos com os nossos outros. Que compartimos através da correspondência e da convergência de gestos coletivos tornados sociais. Isto é, criados e inseridos no interior de uma cultura.

Gestos gerados através de negociações de sentidos e de significados. Gestos dotados de valor, de poder de classificações e significação. Gestos existentes dentro e para além das palavras, que querem perguntar ou traduzir: quem sou eu? Quem é ele? Quem somos nós que nos encontramos aqui? O que é estar "aqui"? Como se deve proceder quando se está "aqui" com "estes outros"? E em que se fundamentam os preceitos de um "saber comportar-se aqui, com estes outros"?

Pois, de uma maneira algo diferente dos outros seres vivos da Terra, ao nos comportarmos, nós não apenas nos inter-influenciamos enquanto estamos juntos. Nós partilhamos o processo nunca interrompido de criarmos as diferentes esferas e modalidades de realizações dos próprios mundos sociais onde nos comportamos. Ao agirmos assim criamos os universos de entendimento, de mútua (e nem sempre pacífica) compreensão, e de possibilidade de relacionamentos que, apenas em nós e entre nós, estão continuamente nos desafiando a mesclar e fazer interagirem tipos orgânicos de indivíduos — macho e fêmea, criança, jovem, adulto e idoso e categorias sociais de pessoas humanas — um pai, uma mãe e seus filhos.

E mais do que somente interações significativas entre categorias culturais de pessoas. Pois os sistemas culturais em que nos movemos e dentro dos quais somos socializados, envolvem também relações entre nós, seres vivos e os nossos símbolos e significados. Um poema pode me emocionar mais do que uma palavra de minha mãe, por um momento. Um decálogo religioso escrito na pedra há milhares de anos atrás pode ter mais poderes sobre quem sou e como vivo do que o olhar crítico das pessoas que me são próximas.

Podemos piscar um olho como uma reação natural-e-inevitável do corpo. Podemos piscar como um ato natural transformado em um gesto, para dizer a alguém algo compreensível em nossa cultura comum. Podemos piscar, lançando mão de um costume cultural partilhado para dizer a alguém algo, de uma maneira particularmente intencional.

Este é o dilema que a compreensão da cultura enfrentou e enfrenta ainda hoje. Como salvá-la de uma materialidade indevida, quando ela se resolve em seus produtos como: objetos materiais, tecnologias de produção de bens, estruturas elementares de parentesco, *corpus* jurídicos de leis, repertórios de costumes e tradições, de crenças, de ritos e de mitos religiosos ou não? Como salvá-la de reduzir-se a unidades biopsicológicas de seu processo, como o comportamento humano? Como recolocar a cultura no lugar social de sua existência e não em algo existente apenas na "mente humana", sob a forma de qualquer "abstração do comportamento"?

Este mesmo duplo dilema poderia desdobrar-se da seguinte maneira. De que forma superar a visão tradicional em que a cultura parece estar situada em um "andar de cima" de um ilusório edifício da sociedade? Uma construção forçada e estruturalmente falsa, em que o andar térreo pertence à infraestrutura da "economia", o primeiro andar ao da "estrutura social", cabendo ao sótão o lugar da "cultura".

Como superar isto a que Clifford Geertz deu o nome de uma "visão estratigráfica" da sociedade e da cultura? Um olhar que percebe e interpreta a vida social como um prédio com andares superpostos, guardando entre eles uma precária e rígida relação de dependência e de determinação. Um rígido e pré-determinado prédio simbólico que transforma a estrutura social em um subproduto da economia, e obriga a cultura a ser uma espécie de sobra ou que emerge das outras duas esferas. Como transformar esta compreensão mecânica, estática e francamente irreal, em uma outra. Uma compreensão capaz de substituir a imagem da construção de três andares por uma mais semelhante a uma árvore. Um ser vivo e transformável, onde tudo está interligado com tudo, e onde a existência do todo depende de cada parte e, mais ainda, da integração entre tudo, da raiz às flores?

Grande parte dos esforços e das polêmicas entre os estudiosos da pessoa humana, de seus modos de ser e viver, de suas culturas e sociedades tem a ver com a busca de compreensões mais integrativas e consistentemente interativas que pelo menos em parte respondam a estas perguntas. Perguntas que uma vez respondidas por certo engendrarão outras, mais difíceis e desafiadoras ainda.

Por agora, no entanto, podemos ficar apenas com esta pergunta: por que será que possuindo o mesmo "aparato orgânico" e um tão próximo psiquismo, entre todos os povos que nos dias de agora povoam todos os quadrantes do nosso mundo, geramos tantas e tão diversas culturas?

3. UNIDADE E DIFERENÇA: CULTURA, CULTURAS

Entre tantos, um outro acontecimento na trajetória de nossa hominização a um primeiro olhar nos poderia causar um grande espanto. E ele só não nos causa porque desde cedo nos ensinam a acreditar que "isso sempre foi assim e é assim porque sempre foi assim". Mas, se por um momento pararmos para "desnaturalizar" o "sempre foi assim" e passarmos a perguntar: "mas por que sempre foi assim?", este acontecimento nos aparecerá como uma intrigante questão. E qual é ela? Ela aparece quando pensamos com atenção a maneira como os seres humanos resolveram seus dilemas com a criação de culturas. E o nosso espanto estaria justamente na letra "s" que nesta mesma linha pluralizou a palavra "cultura".

Afinal, ao contrário do que aconteceu com os outros primatas e com os macacos, que ao longo de sua evolução diversificaram-se em várias e variadas espécies, o *Homo sapiens sapiens* restou como espécie única de ser humano na Terra, após o desaparecimento dos *Neandertais*. Não sabemos ainda se há neste ilimitado Universo outras formas de vida. Não sabemos ainda se em algum distante planeta de uma outra galáxia outros seres terão desenvolvido formas de consciência reflexiva como nós. Se terão logrado alçar-se a mundos de trocas e reciprocidades como nós construímos. Se terão conseguido estabelecer culturas, criar civilizações. Quem sabe, formas de ser, viver e partilhar a vida bastante mais avançadas e espirituais do que a nossa? Ou as nossas?

Sabemos que aqui neste pequenino planeta somos a espécie humana que restou. Sabemos que entre nós e os chimpanzés bonobos as diferenças genéticas (e são elas as que contam) são de pequenos décimos e centésimos, em uma escala de um a cem. Assim, podemos acreditar que geneticamente as diferenças entre um carioca de Copacabana, um caboclo amazonense, um indígena Tapirapé, um cigano da Romênia, um esquimó do Ártico (que a si mesmo prefere chamar-se: *Inuit*), um pigmeu Kung! do deserto do Kalahari, na África, um doutor em Física por alguma universidade da Noruega, um árabe da Argélia e um Tuaregue, do Saara, deverão ser tão ínfimas que podem ser consideradas como inexistentes.

Mais do que isto. Pesquisas científicas muito recentes realizadas por várias equipes de geneticistas descobrem que afortunadamente nós nos "misturamos" tanto ao longo de nossa sinuosa trajetória entre a história e a geografia do planeta Terra, que as nossas aparentes dessemelhanças de cor-de-pele ou de olhos, de ondulação dos cabelos ou de supostas vocações especiais para isto ou aquilo, acabando sendo "uma só e mesma gente".

E o que há de diverso em nós e entre nós tem a ver com nossas diferenças culturais, com as nossas escolhas étnicas e não com o que dentro de nós nos mantém "naturalmente" vivos e nos traça uma única assinatura: sermos todas e todos... seres humanos.

Durante muito tempo estas diferenças culturais existentes ao logo da história universal de um ser geneticamente uno (e único) foram pensadas como *desigualdades entre culturas*. Seguindo tradições que nos vieram da Grécia antiga, mas por certo herdadas de povos anteriores aos primeiros gregos, os modos-de-ser "do outro" costumavam ser classificados como: "primitivos", "selvagens", "bárbaros".

Ainda hoje muitas vezes "outros povos" e suas culturas são pensados e classificados desta maneira. Tomando o modo de ser ocidental-branco-europeu-cristão-ou-ateu como um padrão de civilidade e de desenvolvimento cultural, os outros-que-não-nós eram e seguem sendo ainda avaliados como situados em algum ponto anterior em uma escala de "evolução" inevitável e diferenciada da humanidade. Ciências, sistemas jurídicos, artes, religiões, enfim, modos sociais de se ser, pensar e viver de povos das Américas, da Ásia, da Oceania e da África, foram distribuídos por cientistas que nos antecederam em posições escalares de uma "evolução cultural" entre com graus quantitativos e qualitativos de "atraso" ou de "primitivo", diante de um padrão de "civilização" representado quase sempre como algum sistema cultural "erudito e civilizado" de atribuição de identidade.

Sabemos hoje que nada disto corresponde à verdade. Cada cultura é uma experiência única, irredutível a qualquer outra. Cada sistema cultural vive e percorrer o seu próprio tempo de existência, em seu próprio ritmo. Cada cultura possui uma coerência interna em todos os seus planos e em todas as suas dimensões de realização. Portanto, cada cultura somente pode ser compreendida em toda a sua experiência, "de dentro para fora". Isto é, do interior de sua própria lógica para qualquer outra.

Entre o que podemos chamar de "cultura tapirapé", "cultura aymara", "culturas de tradições afro-americanas" e "culturas brancas de tradição europeia nas Américas", existem formas qualitativas de diferenças de realização e não graus quantitativos de desigualdade evolutiva traduzível como mais ou menos "primitiva" ou "civilizada".

Lembremos. Os cientistas da natureza humana, como os biólogos, geneticistas, paleontólogos, não encontram razão alguma que justifique uma diferença que signifique uma verdadeira desigualdade qualitativa entre as diferentes "raças humanas", cujo equivalente cultural está nas inúmeras etnias do passado e do presente da humanidade. Assim também os cientistas sociais não afiliados a alguma visão evolucionista estreita, não encontram motivos para classificar as culturas dos diferentes povos da terra segundo qualquer escala hierárquica típica dos olhares do passado.

Simplesmente não há escalas. Não há uma "trajetória do "selvagem" ao "civilizado", passando pelo "bárbaro". Não há nenhum eixo central desde onde as culturas partam, e não há um ápice cultural que todas devem — cada uma a seu tempo — inevitavelmente atingir. Existem diferentes vocações culturais e esta diferença não é um acidente transitório a superar. Ela é a própria realização de uma vocação humana à liberdade, na criação contínua da diversidade das experiências humanas de vida e de sentido da vida.

Sem qualquer eixo universal de determinação de direções únicas, as culturas humanas possuem situações de origens diferenciadas. Possuem trajetórias de interações com a natureza e com outras culturas também diferentes. Possuem, finalmente, ritmos de transformações e vocações de realização de si mesmas e de seus sujeitos, também diferenciadas.

Esta é também a razão pela qual hoje em dia dizemos que existem inúmeras experiências partilhadas, logo, socioculturais, de deus, do sagrado e da religião, que em nada podem ser classificadas como "primitivas", "atrasadas", "falsas" ou "evoluídas", "verdadeiras". Cada uma delas realiza no tempo e no espaço uma vocação humana da experiência do sagrado. E é mais através de suas diferenças em direção a horizontes humanos comuns, do que por meio de suas igualdades forçadas, que elas se comunicam através do diálogo fraterno entre os seus diferentes crentes e praticantes. Não é sem razão que o fundamentalismo religioso, esteja ele presente em que sistema de crença e culto estiver, é temido como um dos males maiores dos tempos que vivemos agora. Tempos em que da ONU a poetas e pacifistas, clamamos todas e todos por uma ampliação de nossa vocação de respeito às diferenças e de acolhimento do "outro", justamente por ser um alguém diferente de mim.

Em algo mais do que um "respeito pelo outro" deveriam estar centrados os nossos ideais de criação solidária de "um outro mundo possível". Um mundo de busca e construção de uma crescente paz universal. Um mundo afinal solidário, justo, fraterno e não excludente de pessoas, de povos, de modos pessoais de ser e de viver a vida, de diferenças étnicas e culturais, que venha a ser o lugar de uma amorosa convergência entre pessoas, povos e culturas, na escolha de seus caminhos, e absolutamente igualados quanto aos direitos humanos de trilhá-los, com passos de seres humanos livres, participantes, solidários e felizes. Fernando

Pessoa diz isso em um poema: "tudo o que existe é diferente de mim. E por isso tudo existe".

No entanto, até o presente momento, os povos da Terra, as sociedades, as etnias, as classes sociais, foram e seguem sendo tornadas desiguais quanto aos seus direitos, deveres e poderes. E assim também acontece com as culturas. Dentro de uma mesma sociedade complexa, a *cultura* são *culturas*. Ora, como a cultura não é apenas o resíduo da produção material do trabalho humano, mas é, também, vimos, o complexo processo social do organizar-se para criar e dar sentido a todas as experiências da vida individual e coletiva, a *cultura* "é" e "contém" sistemas de conhecimento, de valor e de poder. Através de seus símbolos e significados atribuímos significados a nós e aos nossos mundos. Mas através deles justificam-se também e tornam-se socialmente legítimas as diferenças humanas transformadas em desigualdades sociais.

Assim, quando falamos em religião erudita e em religiosidade popular, da mesma maneira como quando falamos em conhecimentos científicos e em crendices populares, podemos estar encobrindo visões, imaginários e ideologias fundadas na desigualdade. Naquilo que torna algumas formas de "culturas legítimas" ("oficiais", "civilizadas", "adiantadas" "eruditas", "canônicas") e tidas também como "culturas hegemônicas" ou "dominantes", *versus* todas as outras. E, neste caso, "todas as outras" são as culturas ilegítimas ou subvalorizadas: as "selvagens", "populares", "atrasadas", "primitivas", "iletradas", "desviantes", "rústicas".

Esta persistente e ilusória divisão dual, realizada de-cima-para-baixo por detentores do poder, ao estabelecerem critérios de valor de qualidade sobre as diferentes culturas, já é, ela mesma, uma ação ideológica através da cultura. Já contém em si um dos meios pelos quais pessoas, classes e povos são levados a serem pensados e a se pensarem como sendo indivíduos ou coletividades "de uma posição inferior" dentro de uma escala de saberes tornados valores, em que as desigualdades de direitos e poderes sociais são legitimadas pelo exercício do domínio simbólico de uma cultura sobre as outras.

Afinal, quem sempre teve o poder de identificar como um saber, de classificar como um valor e de atribuir posições e direitos como um poder sobre as pessoas, os povos e as culturas dos indígenas, dos afrodescendentes, dos camponeses, dos operários, dos inúmeros excluídos da América Latina? A quem se atribui o direito de estabelecer qual a forma de religião ou qual a prática de medicina "legítimas", e quais as que, sendo "ilegítimas", devem ser postas à margem, controladas, "civilizadas"?

O Papalagui — comentários de Tuiávii, chefe da tribo Tiavéa nos mares do sul, é um dos livros mais inesperados e inteligentes que li nos últimos anos. Ele foi escrito por *Tuiávii*, um chefe de uma tribo de indígenas da Melanésia, nos "mares do sul". Seus escritos foram recolhidos por um homem branco, um missionário, chamado Erich Scherurmann. *Tuiávii* foi levado pelo missionário para conhecer a Europa dos civilizados. Observador crítico e cuidadoso, ele bem poderia ser um bom antropólogo se permanecesse em "nosso mundo". Voltando aos seus e à sua aldeia, foi bem mais do que isso. E como era um homem letrado, deixou por escrito o que viu, ouviu e viveu. O pequeno livro é dividido em capítulos (creio que pelo tradutor ocidental) e cada capítulo traz um título que aqui e ali já é um pequeno prefácio de duas linhas sobre o que o autor escreve a seguir.

O que transcrevo a seguir é parte do capítulo *Deus ficou mais pobre por causa do Papalagui*. Que suas palavras nos despeçam deste capítulo. Que elas nos ajudem a nos ver através dos olhos de um outro.

O Papalagui pensa de um modo estranho e muito confuso. Está sempre pensando de que maneira uma coisa pode lhe ser útil. De que forma lhe dá algum direito. Não pensa quase nunca em todos os homens, mas num só, que é ele mesmo.

Quem diz "minha cabeça é minha, não é de mais ninguém", está certo, está realmente certo, ninguém pode negar. Ninguém tem mais direito à sua própria mão do que aquele que tem a mão. Até aí dou razão ao Papalagui. Mas é que ele também diz: "A palmeira é minha, só porque está na porta da minha cabana". É como se ele próprio tivesse mandado a palmeira crescer. Mas a palmeira nunca é dele: nunca. A palmeira é a mão que Deus nos estende de sob a terra. Deus tem muitas mãos, muitas mesmo. Toda árvore, toda flor, toda grama, o mar, o céu, as nuvens que o cobrem, tudo isso são mãos de Deus. Podemos pegá-las e nos alegrar, mas não podemos dizer: "A mão de Deus é minha mão". É o que, no entanto, diz o Papalagui.

"Lau" em nossa língua quer dizer "meu" e também "teu": é quase a mesma coisa. Mas na língua do Papalagui quase não existem palavras que signifiquem coisas mais diversas do que "meu" e "teu". Meu é apenas, e nada mais, o que me pertence; teu é só, e nada mais, o que te pertence. É por isto que o Papalagui diz de tudo o que existe por perto de sua cabana: "É meu". Ninguém tem direito a essas coisas, senão ele. Se fores à terra do Papalagui e alguma coisa vires, uma fruta, uma árvore, água, bosque, montinho de terra, hás de ver sempre perto alguém que diz: "Isto é meu! Não pegues no que é meu!". Mas se pegares, te chamarão gatuno, o que é uma vergonha muito grande, e só porque ousastes tocar num "meu" do teu próximo. Os amigos deles, os servos dos chefes mais importantes te põem correntes, te levam para o falé pui pui (prisão) e serás banido pela vida inteira. (Tuiávii, s.d., p. 55)

7

Existir, evoluir, transcender-se, ser mais:

A vocação do ser humano

1. O PRINCÍPIO ANTRÓPICO — UMA FANTASIA DA CIÊNCIA OU UMA REALIDADE SURPREENDENTE?

No ano de 1973 foi realizado um grande simpósio em lembrança dos quinhentos anos do nascimento de Nicolau Copérnico. O mesmo cientista que quatrocentos e alguns anos antes destronou a Terra de ser o "centro do Universo" e nos fez — a duras penas — compreender que não estamos em mais do que um pequeno planeta girando ao redor de uma pequena estrela.

No simpósio de 1973, um cientista, Brandon Carter, lembrou aos outros cientistas que o nosso Universo, entre caos intermináveis, buracos-negros e choques de galáxias, na verdade é mais um acolhedor lar do que um tormento cósmico onde, por acaso e acidente, em uma de suas esquinas surgiu algo de que somos parte: a vida.

Brandon Carter lembrou uma teoria cuja aceitação até hoje não é muito ampla. Mas ela é, sem qualquer dúvida, uma hipótese generosamente ousada e convincente, pelo menos para os que acreditam ou imaginam como é do próprio caos que surge a ordem e a harmonia de todas as coisas. Brandon deu à sua teoria este nome: *princípio antrópico*. Entre os cientistas do cosmos e da vida, alguns não gostaram do termo, mas outros gostaram da ideia que ele contém.

Em suas atuais variantes, o *princípio antrópico* parte da ideia de que desde o momento fundador do *big-bang*, tudo aconteceu de tal forma que tentar explicar "tudo o que há agora", inclusive a vida na Terra, como um mera obra de uma sucessão de acasos e de azares, é mais absurdo do que acreditar que desde sempre até agora foram e seguem sendo criadas e recriadas correlações de acontecimentos, do "mais-macro" ao "mais-micro", que desde uma ótica finalista nos faz pensar que nada começou por acaso, nada existe ao acaso e nada seguirá o seu curso na existência também... por acaso.

Alguns cientistas acreditam que após a instantânea explosão do *big-bang*, a probabilidade de os elementos primordiais de matéria-energia difundirem-se, transformarem-se e se unirem e combinarem de modo a criarem ao acaso um Universo tal como ele, é inaceitável. O mero acaso de infinitas combinações de tudo no todo do Universo esquece que entre talvez milhões de probabilidades de o Universo "dar errado" algo escolheu a única em que ele parece ter "dado certo".

Pois aqui estamos para pensar e escrever isto.

De acordo com o *princípio antrópico*, tanto as leis do nosso universo quanto os valores e equações das grandezas fundamentais que estabelecem a sua estrutura e as suas propriedades essenciais são, de forma inquestionável, favoráveis ao surgimento e às transformações através das quais a vida chegou a nós. Ao contrário do que imaginam alguns, nós, os humanos, e todos os seres com quem partilhamos a-vida-na-Terra, habitamos um universo, uma galáxia, um sistema solar e um planeta bastante hospitaleiros.

Tanto Brandon quanto outros cientistas atuais sugerem que as grandezas e equações fundamentais do Universo foram e seguem sintonizadas de maneira adequada e perfeita para que a vida tenha surgido aqui, tenha se multiplicado exponencialmente e tenha evoluído. Freeman Dyson, um homem cristão e um conhecido físico teórico, declarou que "o universo parece ter sabido que estávamos a caminho."

Será isto pelo menos em boa medida verdadeiro?

Podemos ousar imaginar que todo o Universo, com seus bilhões e bilhões de galáxias, de constelações, de estrelas de todas as grandezas, de planetas — que a cada semana são descobertos ao redor de seus astros — e tudo o que há, da menor partícula subatômica até a totalidade provavelmente infinita do Universo, surgiu bilhões de anos atrás, expandiu-se (e está ainda em expansão), transformou-se, evoluiu, gerou o nosso Sol, e fez provavelmente dele desprender-se o que veio a ser a Terra — e também todos os outros planetas de seu sistema — para que este ínfimo planeta quase imperceptível sequer na ínfima porção da Via-Láctea onde estamos, tenha vindo a existir para que um dia surgisse ninguém menos do que você? Um ser vivo resultante de milhões de transformações de seu primeiro ancestral, que agora lê estas palavras escritas, e com a sua consciência reflexiva busca uma resposta para a pergunta que ela formula?

Será mesmo que a vida ocupou o planeta Terra, e se diferenciou enormemente, e se transformou e desdobrou-se em uma infinidade de espécies, de gêneros, de tipos de vegetais e animais, para afinal realizar-se nos seres que somos?

Por outro lado, será que estaremos sozinhos em todo o Universo? E tudo o que há e se move, de alguma forma intencional, finalista e motivada — o que chega a sugerir a evidência também científica da existência de um Ser Supremo — existe e se transforma para desaguar em nós, para nos abrigar e para permitir que nós, os humanos e terráqueos, e somente nós vivamos como uma "humanidade única" o nosso estranho e miraculoso destino? Ou será que somos apenas os habitantes de um entre os vários, muitos ou talvez infinitos outros mundos, que por igual acolheram em seus momentos cósmicos a vida e, depois, experiências bem-sucedidas de vidas inteligentes e criativas? Chegará uma geração de nossos descendentes a conhecer outros seres cósmicos que não nós?

Ou mais ainda. O que nos impede de imaginar que este infinito universo não é mais do que um entre infinitos outros universos infinitos, cada um explodindo, expandindo-se e evoluindo em suas diversas dimensões de um "existente", cujas dimensões e realidade sequer logramos imaginar?

Bastante mais conhecida do que o *princípio antrópico* é a *hipótese de Gaia*, formulada pelo cientista inglês James Lovelok. Ele defende que a nossa Terra não apenas abriga a Vida. Ela própria é em seu todo um Ser Vivo! Ela toda vive, transforma-se como um único e interativo e integrativo sistema solidário. E assim, viva, elas aos poucos criou e segue criando — apesar do que andamos fazendo com ela — a partir de partículas e combinações de matéria-energia as condições para que a vida tenha emergido e siga surgindo por toda parte em praticamente todos os seus diferentes ambientes naturais.

2. TUDO, O TODO, A VIDA, A CONSCIÊNCIA E NÓS, OS SERES HUMANOS

Podemos recordar agora as preces e os hinos sacros escritos linhas acima. A partir do momento em que desde uma cultura, reza-se, ora-se para agradecer pela existência de si-mesmo ou de todo um povo, ou para pedir "a caça, o peixe", e outros alimentos do corpo, e se começa a orar com perguntas e a se escrever hinos de louvor ou de súplicas para que um deus se revele e se deixe ver como, e declare com palavras sagradas "quem somos nós" e o que é "o mundo em que nós vivemos", algumas diferentes religiões começam a criar perguntas e buscar respostas que mais adiante os filósofos e os historiadores do passado considerarão como mitos ou como "antigas" narrativas lendárias.

E então, desde "séculos antes de Cristo", tanto no Ocidente quanto no Oriente, sucessões de pensadores, de sábios ou de filósofos começarão a formular as mesmas e outras perguntas. E começarão a buscar, não na voz revelada de um deus ou de um profeta, mas nos mistérios do mundo em que vivem, ou que imaginam, as suas respostas. Uns perguntarão: "quem criou o mundo e nos criou?". Outros perguntarão: "o que criou o mundo e nos criou, e através do quê?" Milênios mais tarde seguimos fazendo as mesmas perguntas, multiplicando sistemas de crenças, filosofias e teorias científicas que ora interagem, ora se entrecruzam, ora divergem.

De então para sempre, estamos às voltas com os mais diversos "sistemas de sentido". Quase todos estes sistemas, entre as religiões dos povos andinos e a Física quântica, passando por "aquilo" em que você crê, ou que você pensa como "a minha filosofia de vida", buscam explicar tanto as origens-de-tudo, quanto o final-dos-tempos.

E o mais estranho é que, cada uma com as suas palavras, com os seus fundamentos, com as suas crenças, frente a seus horizontes, tanto as religiões mais antigas quanto as "teorias de ponta" das ciências, deste últimos anos, convergem no essencial. Assim, ancestrais sistemas religiosos da Índia, e também versões de físicas teóricas sugerem que "tudo o que existe" originou-se de uma explosão e de um "caos original". Algo que mais tarde se ordenou

— nunca inteiramente — como aquilo que nos acostumamos a chamar "o nosso Universo".

Ora, algumas religiões ou mesmo sistemas filosóficos e teorias científicas que se aproximam no acreditarem que após a ordenação original de tudo-o-que-há, aqui no Planeta Terra a vida e a humanidade atravessaram longas eras sucessivas. Estas eras tendem a ser compreendidas como tempos de uma sucessão de decaimentos, de decadências.

Em algumas tradições religiosas, acredita-se que no início de tudo divindades e seres humanos perfeitos compartiam a Terra, tal como Adão e Eva no Paraíso. Um casal que conversava cara-a-cara com um "espírito de deus" acostumado a "passear pelo Paraiso" que ele havia criado. Em várias tradições religiosas, os deuses, depois de habitarem antes dos humanos, ou mesmo junto com eles, a Terra retiraram-se do mundo. E uma crescente "maldade dos homens" fez o mundo passar de uma "idade de ouro" para uma "de prata"; dela para uma "de bronze"; e dela a uma, a pior de todas, "a idade do ferro".

Tanto em algumas teorias da Física Moderna quanto em antigas religiões, a Terra e mesmo o Universo caminham por uma mesma senda de entropia, de perda de energia original, de lenta e irreversível extinção, enfim. E chegará o tempo em que o Sol destruirá a Terra, se os seres humanos não lograrem fazer isto antes. A Via Láctea, nossa pequena galáxia, haverá de se chocar com Andrômeda, uma outra galáxia muito maior do que ela. E também o nosso Universo em sua totalidade um dia conhecerá ao seu tempo o seu fim. Terão razões então alguns sistemas religiosos e filosóficos budistas, que com poesia nos lembram que viemos do "grande vazio antes do tempo", e a ele retornaremos.

João, o autor do último Evangelho acreditado por cristãos, ortodoxos e evangélicos como "canônico" (autêntico), deixou escrito em seu Apocalipse uma imagem do "final dos tempos" que associa as duas compreensões polares do futuro. Virá o tempo de lutas terríveis entre "as forças do mal", capitaneadas por seres demoníacos, pela Besta do Apocalipse, pelos "quatro cavaleiros" e mais outros maléficos poderes satânicos, junto com os seres humanos seus aliados, *versus* as "forças do bem", guiadas pelos seres divinos da Santíssima Trindade, e mais os anjos bons e todas as perseverantes pessoas "firmes na fé". E após vitórias provisórias (mas demoradas) das "forças demoníacas", e depois de um longo tempo de domínio do mal sobre a Terra, o bem e as suas forças celestiais afinal triunfarão. Os "maus" serão definitivamente "atirados às profundezas do Inferno", e um tempo eterno de paz, amor, concórdia e gloriosa luz unirá para todo o sempre o humano ao divino.

Dentro e fora do cristianismo, entre as mais diferentes teorias científicas e em alguns sistemas de filosofia, perdura uma visão bastante oposta àquelas que anteveem um horizonte de queda, de destruição e de caos. Ou mesmo o cenário de uma trajetória "apocalíptica", para que afinal um "reino de harmonia" se estabeleça na humanidade, em toda a Terra, em todo o Universo.

Na contramão das teorias e crenças que "puxam para baixo" e estabelecem ou a existência do que há como uma fatalidade do acaso, ou como algo que, entre deuses, a natureza e nós, foi em "áureos tempos" um mundo que inevitavelmente decaiu e segue decaindo, algumas outras visões tomam um caminho oposto e "puxam para cima".

Entre grandes vertentes e variações, todas elas provêm também de sistemas religiosos, de filosofias, de ciências e até mesmo de ideologias e de projetos políticos concretos. Imaginários que acreditam que em alguma, ou em todas as dimensões de tudo o que existe, tudo o que há ascende, avança, transforma-se para ser "mais e melhor do quem foi". Somos parte e partilha de uma vida, de uma humanidade, de um planeta, de um universo, que no limite extremo de uma visão finalista, ao se transformarem transcendem-se, e ao se transcenderem, espiritualizam-se.

Do mais macro-todo de tudo o que existe como "o Universo", até as colônias de bactérias que povoam os nossos corpos, tudo o que houve, há e haverá emerge de algo com uma origem carregada de propósito, com um presente pleno de sentido e com um horizonte realizável como alguma inevitável finalidade ascendente.

Assim, acima e abaixo de tudo o que parece indicar uma "humanidade perdida" e uma Terra algum dia esvaziada de seres humanos, ou mesmo vazia de vida, não são poucos os que creem, ou sabem, que tudo o que há converge para um crescendo de realização-de-si, de ascendência, de aperfeiçoamento, de transcendência.

Em um plano mais associado à dimensão social da humanidade, não esqueçamos que Karl Marx foi um radical otimista esperançoso de que nós, os seres humanos — e nada e ninguém mais — haveríamos de construir aqui na Terra a plenitude de um reino de liberdade, de igualdade, de justiça, de amor e de plena e compartida felicidade.

Quem tenha visto um vídeo bastante divulgado, com este nome: *O buraco branco no tempo*, talvez tenha percebido que no engenhoso jogo de imagens superpostas de que ele é composto, apenas uma vez aparece a figura de um homem, ao mesmo tempo em que o seu nome é dito: Pierre Teilhard de Chardin. Daqui em diante é ao seu lado que estarei percorrendo o caminho com que este nosso primeiro livro se encerra.

Devo lembrar que para facilitar a minha leitura e a compreensão de quem me leia, quase todas as ideias que trago aqui provém da leitura de um pequeno e proveitoso livro *O pensamento vivo de Teilhard de Chardin*. Na bibliografia ao final deste livro relaciono outros livros de Pierre Teilhard de Chardin, e sobre ele. Mas desde agora quero lembrar três livros.

O primeiro é o livro mais conhecido e lido do nosso próprio autor. Seu nome é *O Fenômeno Humano*, e ele está traduzido em uma muito bem cuidada edição em Português. O outro é um pequeno e introdutório livro ao pensamento de Teilhard de Chardin. Chama-se *A sinfonia universal*, e foi escrito por Frei Betto. Finalmente o terceiro é plural. Pois ele constitui uma trilogia de livros de Marcos Arruda. Eles estão todos indicados nas referência bibliográficas. Os três volumes desdobram uma tese de doutorado em educação. No entanto, Marcos Arruda realiza ali um dos mais arrojados e fecundos percursos que conheço, desde a origem da humanidade até a proposta de uma educação da práxis, irmanada a uma proposta de economia solidária, de que ele é um dos mais persistentes divulgadores no Brasil e em toda a América Latina. Pierre Teilhard de Chardin e suas ideias irão comparecer em cada um dos volumes da "trilogia" em um diálogo a meu ver sem paralelo com outros vários cientistas, pensadores e mestres de religiões e espiritualidades.

Teilhard de Chardin foi um paleontólogo, um pensador que antecedeu de vários anos o que vieram a ser mais tarde teorias integrativas, sistêmicas, holísticas, "de pensamento complexo" e assim por diante. Foi também um sacerdote católico. E ele viveu o pesar de ver as suas obras científicas e derivadas serem interditas por autoridades de sua própria ordem religiosa e pelas da Igreja. Apenas após sua morte, em 1955, todos os seus escritos foram um a um "liberados". E desde então ele se tornou um dos pensadores que maior influência exerceram sobre homens e mulheres de gerações.

Como cientista que viveu grande parte de sua vida entre trabalhos de campo, a maior parte deles em desertos da China, e como um homem de pensamento que deságua em um imaginá-rio sobre o Universo, a vida e o fenômeno humano, ele imaginou em seu tempo a criação de uma *hiperfísica*. Ela deveria vir a ser uma esfera de conexão entre saberes de e entre ciências, e entre as ciências e outras formas de busca de respostas a nossas perguntas. E esta *hiperfísica* trataria de fazer interagirem campos do conheci-mento e da ciência até então (e mais ainda hoje) separados, compartimentados, desconectados, para integrá-los em uma nova compreensão de todas as dimensões do real. Dimensões, eixos e feixes de relações, energias, matérias, seres da vida que vão da totalidade do Universo à pessoa humana.

Pierre Teilhard de Chardin procurou também estabelecer um diálogo bastante mais ousado e aberto entre a ciência, a filosofia e a teologia, num esforço de fazer com que elas, juntas e em diá-logo, encontrassem um "caminho do meio" em que nada ficasse excluído. Desde este ponto de partida, ele nos desafia a ver "o lado de dentro das coisas". E "coisas", aqui, é algo que vai dos componentes que configuram um átomo até a totalidade do Uni-verso. E, numa outra interativa dimensão, algo que passa pela vida e sua progressiva trajetória de diferenciação e complexidade atravessa a consciência que a seu ver existe presente, em escalas diversas, em tudo o que configura o Universo, e deságua no "fe-nômeno humano".

Quando vamos a um bom médico, ele primeiro nos exami-na "por fora". Depois, e até onde pode, "por dentro". E, se neces-sário, ele nos envia para fazermos uma "bateria de exames". Exames complicados para que o nosso "dentro de dentro" seja dado a ser conhecido. Neste sentido, ele age de maneira bastante diferente da de um "juiz de concurso de beleza feminina", a quem basta olhar "o lado de fora" em movimento de cada candidata a ser uma passageira e ilusória... uma "rainha".

Quando vamos a um psicólogo esperamos que, com maiores detalhes e cuidados ainda, o interior psíquico de nós mesmos pouco a pouco nos seja pelo menos em parte investigado e esclarecido. Em alguns casos, até mesmo os porões do "meu inconsciente". O mesmo acontece quando um antropólogo vai até uma tribo indígena estudar o todo ou uma dimensão de sua cultura. Ele somente realizará uma etnografia que mereça ser lida e dialogada, se desde a exterioridade de lugares, coisas e comportamentos, ele conseguir mergulhar no que habita e se move no complexo do interior daquela cultura. Se houver conseguido realizar o que Clifford Geertz várias vezes denominou de uma "descrição densa".

Teilhard de Chardin fez aos cientistas de seu tempo — e ainda faz a cada quem que o leia e estude — uma pergunta bastante semelhante às que nos acompanham neste começo de capítulo. Apenas ele agora dirige a sua ao "todo de tudo". Dirige-a a uma misteriosa e imperativa interioridade diferenciada e complexa que não apenas existe no interior de tudo o que há, mas que na verdade é, em sua inteireza, "tudo o que existe". Mais ainda! Algo que quando compreendido "de dentro para fora" e "do mais complexo para o mais simples", revela que tudo o que há, interage, conecta-se, e acaba por ser uma parte ou partícula do todo de todas as coisas.

Sua pergunta é: afinal, por que as ciências que vão do mais-micro, como a física quântica, ao mais-macro, como a cosmologia, dedicam-se com tanto desvelo ao estudo de comportamentos externos, de dimensões, de macro dinâmicas, e deixam em segundo plano um olhar voltado ao "dentro-das-coisas"? Àquilo que Teilhard de Chardin costumava chamar "o estofo do Universo". Trago aqui uma primeira passagem de Teilhard de Chardin, no livro mencionado linhas antes. O professor José Luiz Archanjo selecionou e traduziu esta e todas as outras passagens seguintes.

Os físicos já falaram num Universo em expansão no imenso. Que tal um Universo em interiorização no Complexo? A Terra. Primeiro um cadinho incandescente de elementos físico-químicos. Depois, um percurso evolutivo até a primeira célula. A Vida! Improbabilidade rara que, uma vez emersa, propaga-se tenazmente por 4,5 bilhões de anos, até a eclosão do Pensamento.

O Universo, um enorme processo dinâmico no qual seres, em série e conjuntos, vão surgindo por complexificação-conscientização numa gênese contínua: Cosmogênese, Biogênese, Antropogênese, Noogênese... o espiritual sempre mais puro através do material sempre mais complexo. Tudo é matéria em via de espiritualização. Tudo é Espírito em via de manifestação. Por que separá-los se tudo o que existe é, através de uma fundamental União? (Teilhard de Chardin, 1988, p. 54-55)

De todas as palavras dessa longa citação, estejamos atentos a esta sequência de palavras aparentemente muito estranhas. Observemos que todas elas contêm uma outra palavra: "gênese". Desde os gregos esta palavra — como em "genealogia" — traduz um processo de origem de algo: *cosmogênese, biogênese, antropogênese, noogênese*. Através delas e de outras palavras, Teilhard de Chardin propõe uma outra "visão de mundo".

Esta visão de mundo em nada deve ser compreendida como um sistema totalizador e fechado. Está bem longe de ser a filosofia de um "sistema fechado", como a de Hegel, por exemplo. Suas ideias também são apresentadas por ele como um momento de uma síntese pessoal de pesquisas paleontológicas, de estudos, de reflexões e de diálogos. Algo, portanto, aberto ao diálogo e sujeito a outras interpretações.

Ora, uma "física da exterioridade", dividida entre os opostos do infinitamente grande (teoria da relatividade) e do infinitamente pequeno (teoria dos quanta), precisa dar lugar a um terceiro elemento integrador dos/entre os dois extremos. Uma "física da interioridade". Uma hiperfísica que acrescente aos dados de uma realidade excessivamente medida e interpretada "por fora", o dado da *complexidade*, como algo mais do que uma simples variante da exterioridade observável do Universo e do átomo.

A realidade do existente não se divide apenas entre coisas e seres "grandes" ou "pequenos". No interior deste oposto de dimensões externas, tudo o que há diferencia-se entre seres mais simples e seres mais complexos. A diferença entre seres muito simples e seres muito complexos é tão grande e relevante quanto a distância que mede as diferenças atômicas e as estelares.

> É portanto rigorosamente, e não metaforicamente, que se pode falar em Ciência de um "terceiro infinito" — construindo-se a partir do Ínfimo, no Imenso, ao nível Médio: o infinito, repito, da Complexidade. (Teilhard de Chardin, 1988, p. 13)

Um olhar-desde-o-dentro-das-coisas, fundado em um processo ao mesmo tempo presente no cosmos, na vida e no ser humano, e realizado como sucessivas varrições de *complexidade*, nos deveria abrir à possibilidade de fazer se corresponderem e interagirem, a Física, a Geologia, a Paleontologia, a Biologia, a Neurologia, a Psicologia e as Ciências Sociais. Fenômenos próprios à matéria-energia em sua realização como vida e, no caso do ser humano, como vida consciente-e-reflexiva, estenderiam diante de nós o caminho por onde incorporar fenômenos como: a interação intencional, a reciprocidade, a consciência, a inovação, a liberdade, a esfera da realidade do mais-micro ao mais-macro, onde até hoje eles estiveram "do lado de fora".

> Por que não admitir em princípio que a Consciência [...] é a propriedade particular e específica dos estados ordenados da Matéria? Esta propriedade talvez seja inobservável e, portanto, praticamente

negligenciável, em valores pequenos — mas é gradualmente emergente e por fim dominante nos altos valores da Complexidade! (Teilhard de Chardin, 1988, p. 13)

Desde o ponto de vista de Teilhard de Chardin, "todo elemento ou partícula cósmica" simbolicamente existe, comporta-se e interage com base em dois focos. Um foco de ordenação material, por meio do qual vemos uma árvore brotar da terra e crescer. Um foco mais interior e mais diferenciado ainda, entre tudo o que existe, de transformações na interioridadede, uma progressiva e irreversível ordenação da consciência, em um diverso psiquismo em tudo presente, ativo e conectivo.

Assim, na *pré-vida* presente na *litosfera* — a camada de matéria-energia da Terra anterior ao surgimento da vida, e que se prepara ao longo de bilhões de anos para o seu surgimento — estamos situados ainda em uma esfera de complexidades ínfimas. Pois "ali" a presença do dado da consciência é muito pequeno, ínfimo mesmo. Mas já presente! Se saltarmos de uma dimensão a outra, em uma esfera de *vida-pré-humana* estaremos, com a emergência da *biosfera* na Terra, chegando ao que Teilhard de Chardin denominará de "zona das complexidades médias". Ali, entre as diferenças que separam um musgo de um jacarandá, uma ameba de uma tartaruga, e uma tartaruga de um macaco, uma *consciência reflexa* já estará claramente presente. Presente, envolvente e progressivamente transformada e evoluída, do menos complexo e diferenciado ao mais diferenciado e complexo.

Divergindo de outros cientistas, Teilhard de Chardin reconhece que em tudo o que há existe uma esfera própria de intencionalidade, de finalidade, de impulso a ser e a relacionar-se, transformando-se. Logo, uma dimensão do que de maneira ousada ele chamará de: *consciência*. E, repito, não está presente apenas na onça que caminha pelo chão de uma floresta. Mas em outras dimensões e com outras qualidades, ela está também presente no chão por onde a onça caminha e na floresta que a abriga.

Marcos Arruda soube traduzir isto com palavras bem melhores do que as minhas.

> Teilhard, depois de ter trabalhado com persistência e tenacidade sobre bases paleontológicas e geológicas da evolução do universo e do *homo*, postula que não há como compreender a natureza da matéria sem ver nela uma semente de consciência e, portanto, de transcendência; e não há como tentar compreender a consciência sem debruçar-se sobre a matéria. Ele aponta para a "cerebrização" persistente nos seres vivos e a "cefalização" crescente dos organismos como lei de progresso e indicador do *sentido* da evolução da *vida* para a *consciência direta* e desta para a *consciência reflexiva*. Ele constrói para o leitor um gráfico no qual o tempo é a abcissa, e a quantidade e qualidade de matéria nervosa existente na Terra em cada época geológica é a ordenada; e mostra como a curva evolutiva desta matéria nervosa é continuamente ascendente, correspondente a uma "maré de consciência" que se manifesta objetivamente sobre o planeta ao longo das eras. (Arruda, 2003, p. 100)

Assim, em seu imaginário fundado em anos e anos de pesquisas de campo, Teilhard de Chardin nos desafia a pensar que o que existe interage. Que tudo o que interage e se relaciona e transforma-se em direção a organizações interiores-de-si mais complexas e diferenciadas. Que tudo o que se transforma evolui. Que tudo o que evolui espiritualiza-se, a partir da própria matéria. E, finalmente, que tudo o que se espiritualiza ascende, transcende-se e converge.

Como paleontólogo e para além da paleontologia, ele estabelece então uma *lei de complexidade consciência*, segundo a qual em todo o Universo — e de maneira vivenciada por nós aqui na

Terra — todas as coisas que existem são mais o fluxo interativo de que participam, do que a realidade estática *do* e autocentrada *no* ser delas mesmas. Tudo o que há converge. E tudo o que converge, ascende.

E o horizonte de todas as transformações de tudo e do todo do Universo está em um movimento de crescente "tomada de consciência". Logo, no fluxo de uma progressiva espiritualização que envolve tanto um planeta quanto um pássaro, e tanto um pássaro quanto uma pessoa.

No processo sempre ascendente e progressivamente complexo e complexificador de todas as transformações da matéria-e-nergia, unidades do existente não apenas se desdobram desde o mais ínfimo — como as partículas subatômicas e os átomos que elas constituem a toda a imensidão ilimitada do Universo — ao mais complexo, como também cada uma delas interiormente se complexifica.

E é este sempre-presente processo do "estofo das coisas" o que torna possível o existir, o se unir e o diferenciar dos átomos que constituem a matéria inanimada — mas "viva", ativa e dotada de consciência em seu nível próprio — assim como também o confluir das células que formam tecidos e dos tecidos que se ordenam complexamente em órgãos, em organismos na esfera da vida.

> Há muito que os astrônomos discutem a hipótese de um Universo em vias de *expansão no Imenso*. Por que não falar, com a mesma autoridade científica e com uma maior verdade ainda, de um Universo em curso de enrolamento no Complexo? (Teilhard de Chardin, 1988, p. 14)

Se isso é verdadeiro, podemos imaginar um Universo que ao se expandir "enrola-se sobre si mesmo". E torna-se cada vez mais, em tudo, no todo e em todos, mais interativa e integrativamente complexo e, portanto, dotado cada vez mais de esferas de espiritualização e de consciência. Imaginarmos então um "psiquismo do Mundo" deixa de ser uma metáfora poética.

> Pois, se de um lado, a extensão explosiva da Matéria no Espaço pode perfeitamente nos informar sobre a distribuição das galáxias e das estrelas, por outro lado, um processo de complexificação e centração do Estofo Cósmico sobre si mesmo permite-nos, em compensação, acompanhar e registrar, com a granulação crescente do Estofo, a ascensão correlativa da interiorização, ou seja, do psiquismo no Mundo. E esse deslocamento simultâneo no Orgânico e no Consciente pode muito bem ser o movimento essencial e específico do Universo. (Teilhard de Chardin, 1988, p. 15)

O mais importante não está em compreendermos o fenômeno da complexificação de que existe no Universo e também dentro de você. O que mais importa é desvelar o processo através do qual o desdobramento do que há no Universo e, de maneira mais específica, aqui na Terra, veio a se realizar em algo ou alguém como... você.

Perceber no que se move o que se desdobra, e compreender no todo do que se transforma uma marcha ascendente que leva a matéria-energia a se complexificar irreversível e ascendentemente sobre si mesma. Uma vez interiormente gerado no Universo e na Terra o próprio *complexo* obriga a geração de existências cada vez mais e mais interior e conectivamente complexas. E esta progressiva ordenação superior da matéria-energia desdobra-se em um crescendo de consciência, de reflexão, de espiritualização, de passagem do físico ao biológico, do biológico ao psíquico, do psíquico ao espiritual.

Assim, até mesmo um exteriorizado "tempo físico" realiza-se como e em um interiorizado "tempo biológico". E os espaços opostos e separados de uma "física da exterioridade" transformam-se em desdobramentos em direção ao outro, à integração e à partilha.

> Notemos que, nessa perspectiva, o corpo de cada ser vivo, em vez de limitá-lo ao interior do Universo (toda partícula cósmica — por mínima que seja — é rigorosamente coexistensiva à totalidade do Espaço e do Tempo) é bem pelo contrário, expressão e a medida da sua interioridade e da sua "centreidade". (Teilhard de Chardin, 1988, p. 16)

Em um Universo tão aparentemente dominado pela matéria inanimada, aquela que constitui na Terra a *litosfera*, a vida poderia ilusoriamente aparecer como um fenômeno fortuito, ocasional, extremamente raro e potencialmente frágil. Teilhard de Chardin nos convoca a inverter de uma maneira radical esta pessimista visão. A vida não é fortuita. Nada aqui e por toda a parte acontece ao acaso. A vida é o resultado inevitável do desdobramento e da progressiva complexidade com e através do que a própria matéria-energia complexifica-se, quando olhada e compreendida "de dentro para fora".

A vida é "porção vitalizada da Matéria". Podemos insistir neste ponto. Ela não é nem o acaso e nem uma anomalia, *mas corresponde, pelo contrário, ao eixo mais central e mais sólido (ou, se preferirmos, ao próprio "ápice") do redemoinho, do "vórtice" cósmico.* (Teilhard de Chardin, 1988, p. 17)

A vida e, com ela, a consciência, a mente e o pensamento, constituem por toda a parte uma pressão sobre a matéria-energia, "esperando apenas uma ocasião favorável para emergir". E, uma vez emersa ao plano do que existe, a vida prossegue a sua trajetória irreversível em direção a uma infinita mais-vida. Isto é, a uma progressiva e ascendente marcha em direção a uma sempre maior expansão de complexidade, consciência e espiritualização.

A vida não é apenas uma derivada da matéria. A camada primeira de *litosfera* não prepara apenas o advento de uma nova camada, a *biosfera* em nosso planeta. A vida é coextensiva à matéria, que cosmogenicamente preparou-se, entre o fluir de eras cósmicas na Terra, para o surgimento da própria vida. A vida é o salto que a matéria realiza sobre si mesma. E não um salto apenas para diante, mas um salto "para dentro". Não é ao expandir-se para fora, mas ao desdobrar-se para dentro que a matéria-energia da Terra antecipa a vida.

3. DA VIDA AO HOMO

E a vida faz emergir, com o ser humano, a vida-consciente-de-si-mesma. Chamemos o primeiro momento de *biogênese*, quando de uma matéria-energia sumamente plena de si-mesma, gera-se a vida. Chamemos de *antropogênese* o momento em que a vida, sumamente complexa de si-mesma naquilo em que de maneira ascendente, ela se complexifica e diferencia. E gera a vida humana.

Nós, os humanos, sucedemos seres vivos capazes de alternativas de experiências e trocas cada vez mais amplas, mais abertas e, sobretudo, mais autônomas, mais livres. Claro, não se trata de afirmar que o macaco é, como indivíduo e como espécie, um ser superior ao lagarto, sendo o lagarto superior à ameba, e a ameba superior ao jatobá. Trata-se de afirmar que do jatobá ao macaco a vida preenche e realiza seres interior e interativamente dotados de uma organização de si-mesmos cada vez mais complexas. Seres dotados de uma interiorização mais complexa e, por consequência, mais livre como consciência e comportamento.

De um mínimo musgo em uma pedra a um pássaro, de um pássaro a um chimpanzé, e do chimpanzé ao *homo*, cada ser e cada espécie de seres da vida são complexos e completos em si mesmos(as). Toda a comparação entre seres e espécies da vida é sempre uma aproximação imperfeita e, não raro, indevida. Somos todos seres, unidades e coletividades que partilham de um mesmo único fluxo da matéria-energia e, no caso dos seres da vida, compartimos a fração que nos é devida de um mesmo fluxo existente em uma mesma única e diversa realidade.

Ora, a presença de um ser-reflexivo na superfície do planeta inaugura uma realização da matéria em um grau extremamente mais diferenciado de complexidade e de liberdade. Primeiro a vida e, depois, a vida humana não são a mera resultante de feixes de interações físico-químicas entre os componentes de matéria-energia presentes aqui na Terra. Cada uma, em seu momento-de-acontecer, emerge no mundo como o fluxo de todo um abrangente e ascendente movimento cósmico.

Podemos revisitar agora algo que me lembro haver escrito entre os primeiros capítulos deste livro. Sobre uma Terra-jovem em processo de esfriamento da "bola de fogo" que ela foi, o bombardeio de incontáveis meteoros e cometas carregados de água possivelmente terá respondido pelo surgimento dos oceanos e de toda a água de que depende a vida para existir aqui. E, quem sabe? Os próprios gérmens da "primeira vida na Terra" tenham chegado também "lá do espaço sideral?" A conhecida sentença de que nós, os seres vivos e, entre eles, os seres humanos, somos "poeira de estrelas", nada tem de fantasia.

Quando a vida semeia o *homo* na Terra, desde os primeiros *hominídeos* surge aqui uma espécie de ser da Árvore da Vida que toma uma direção ascendente diferente de todas as experiências anteriores da própria vida. A partir de espécies originalmente diversas e não reprodutivas, entre elas o ser humano, passo-a-passo (passos que levam, primeiro, milhões e, depois, milhares de anos) converge em direção a uma espécie única. Esta é uma diferença entre nós, os humanos e outros primatas com quem compartimos ramos muito próximos na Árvore da Vida. Enquanto os macacos desdobraram-se em múltiplas espécies diversas umas das outras, enquanto os símios diversificaram-se em algumas poucas, nós, os animais-humanos, evoluímos em direção a uma diversidade convergente e, assim, convergimos até à existência de uma única espécie no chão do planeta.

Conhecemos bem a polêmica entre os paleontologistas, sobre se somos a descendência do *Homem de Neandertal* ou se somos uma "outra espécie" que surge após uma longa era de glaciação na Terra. Uma bem-sucedida espécie que finalmente nela se instala como representante única do *homo*. O que é conhecido é que desde momentos originários, na rama da Árvore da Vida onde surgimos e nos agrupamos e evoluímos, há uma tendência ascendente à convergência.

> Mas, bem depressa, acima dessa ramificação primitiva, certos efeitos de aproximação tornam-se manifestos. Desde o fim do Paleolítico o grupo *sapiens*, não obstante suas múltiplas ramificações (brancos, amarelos, negros...), já forma um só sistema solidário. Assim surge e se instala um movimento de desdobramento ou de convergência, em que creio reconhecer, no decorrer de duas fases sucessivas (uma expansiva, e uma outra compreensiva), a característica mais essencial do Fenômeno Humano. (Teilhard de Chardin, 1988, p. 24)

O ápice de toda esta expansão converge para, e realiza-se de forma plena no ser humano. No que Teilhard de Chardin prefere chamar de *O Fenômeno Humano*. No entanto, estejamos atentos em que, em seu pensamento, o *homo* não representa o lugar central na cadeia-da-vida. Repito, o lugar do homem na natureza não é o do centro da criação da vida na Terra. Ele é, antes, o da realização de seu ápice. Nós não ocupamos uma posição hegemônica e dominadora, mas uma dimensão transcendentemente axial.

Através do Ser Humano, a matéria-energia e a vida ascendem a uma dimensão de consciência reflexiva. E pela primeira vez em-nós a vida torna-se plenamente consciente de si-mesma. Quando em uma noite estrelada contemplamos com os olhos e a mente uma estrela entre muitas outras, "aquela estrela" se torna consciente de si-mesma através de nós. Ou, pensado de outra maneira, se nós podemos no meio da noite ver e reconhecer o Cruzeiro do Sul, é porque de alguma maneira já o trazemos também dentro de nós.

Repito ainda. O ser humano não é o centro da criação, e apenas em generosa interação com todos os outros seres com quem compartimos a Terra ele realiza o ponto axial da vida. Porque em nós um processo de transformações da matéria-como-vida-e-consciência prossegue uma rota de convergência ascendente passo a passo, conduzindo esferas de consciência reflexa — já nossa conhecida — em direção a uma consciência reflexiva.

Uma vez existente...

> [...] o fluxo essencial da Vida evolui sempre no sentido da consciência e da reflexão, de modo que até se pode dizer que a forma superior de existência e o estado final de equilíbrio, para o Estofo Cósmico — o Real — consiste em ser pensado. (Tudo quer ser pensado). (Teilhard de Chardin, 1988, p. 13)

Sabemos já de capítulos anteriores, que com a vida surgem aqui dimensões de em que a consciência passa de *reflexa* (como nos outros seres do reino animal) a *reflexiva*: o homem sabe e sabe que sabe; ele sabe e se sabe sabendo. O que podemos acrescentar a esta imagem já nossa conhecida é que, de algum modo, com o *homo* o consciente transcende o inconsciente, do mesmo modo como o reflexivo transcende o instintivo. A consciência reflexiva gera o pensamento e a reflexão torna-se uma qualidade do estar-no-mundo ao mesmo tempo irreversível e inesgotável.

Ora, em Teilhard de Chardin, isto não significa a mera expansão de um pensamento analítico-dedutivo, típico das ciências positivistas. Trata-se, ao contrário, do surgimento de um pensar intuitivo-compreensivo. Um pensamento solidário e crescentemente partilhado por todas as pessoas. Algo que na expansão da consciência cada vez torna-se mais abrangente, mais diferenciado, mais profundo e, enfim, mais complexo. E, por isso mesmo, um pensamento-compreensão-comunhão que se realiza não como domínio do conhecido, mas como amorosa e generosa comunicação entre conhecedor-e-conhecido.

Na esfera do Ser Humano — zona das complexidades imensas — a consciência reflexiva impele o psiquismo a se tornar dominante no plano das transformações do ser, ensejando a presença de formas elaboradas e transformáveis de pensamento de criatividade, de autonomia e de liberdade, enfim.

A menos que sejamos partidários de algumas das "teorias do acaso" na construção do Universo, no surgimento da Terra, da vida-na-terra e, finalmente, na aparição do ser humano, para sermos coerentes com uma compreensão que veleja em outra direção o seu "barco do sentido e do destino", devemos aceitar a ideia de que se algo tem sentido no todo-do-que-existe, então tudo tem sentido. Tudo sem a sua própria razão de ser, e de "ser assim". E se assim, é, e se aceitarmos que, quando compreendidas "de dentro para fora", todas as coisas estão ligadas a todas as coisas, e tudo se conecta com tudo e em todos os planos, então uma complexa macro intencionalidade de maneira inevitável se impõe. A vida não surgiria para ser menos do que ela. Ela não surgiria como foi para estabilizar-se em como era. Ela inevitavelmente "caminha para a frente". E o surgimento do *homo* é uma evidência afortunada disso. Uma vez emersa no mundo em que existe, a vida "caminha sempre em frente". Uma vez realizada na espécie humana, assim deveríamos caminhar sempre, inevitavelmente.

Volto por um momento a Marcos Arruda e a Teilhard de Chardin através dele.

> Em contraposição à vida, vista como tendência para o singular unificado e organizado e para o mais improvável, Teilhard identifica a entropia, "essa misteriosa involução do mundo que tende a lançar a energia cósmica em evolução, um pouco mais a cada instante no plural desorganizado e no mais provável". Com base no estudo crítico das condições da *atividade humana* (noção que coincide com o conceito de *trabalho* em Marx), ele mostra que o "universo, sob pena de ser contraditório consigo mesmo, parece exigir que a vida tenha uma garantia de futuro ilimitado, isto é, escape a uma dominação completa de si mesma pelas forças de marcha-a-ré: a vida não seria suportável se não tivesse consciência de ser, ao menos parcialmente, irreversível e, portanto, superior às atrações da entropia. (Arruda, 2003, p. 114)

3. DA CONSCIÊNCIA À COOPERAÇÃO, DA COOPERAÇÃO AMOROSA À CRIAÇÃO DA NOOSFERA

Em um momento de um de seus livros, Richard Leakey, que nos acompanhou aqui em vários capítulos, parece oscilar entre a capacidade humana de subsistir na Terra ainda por muito tempo, e a desesperança de que isto aconteça, se olharmos com espírito crítico a própria "marcha da humanidade". No entanto, tal como em Teilhard de Chardin, ele lembra que a direção de nosso destino está em nossas próprias mãos. Ou mentes e corações.

> E quanto à nossa espécie? Até agora, estamos no mundo há uns meros 100 mil anos ou algo assim. Nosso ancestral imediato, o *Homo erectus*, parece ter durado ao redor de 1,5 milhão de anos, e antes disso, o *Homo habilis* ocupou partes da África durante quase 1 milhão de anos. Em teoria, parece que os nossos projetos são bons, no mínimo para o próximo milhão de anos. Na verdade, o último representante da linha *homo*, o *Homo sapiens sapiens*, é capaz de exercer um controle sobre o meio ambiente muito mais amplo do que qualquer outra espécie, que poderemos esperar fosse capaz de evitar por completo o destino da extinção. Os humanos são criaturas extremamente adaptáveis e podem responder às mudanças com soluções tecnológicas apropriadas. Nossas chances de sobreviver pareceriam sem dúvida muito boas. Contudo, um rápido passar de olhos pelas páginas da história que documentam os últimos 10 mil anos, é suficiente para nublar aquela nota de otimismo. (Leakey, 1981, p. 21)

Teilhard de Chardin desloca a direção deste destino de um simples e exterior avanço da racionalidade humana, das ciências e das tecnologias de adaptação e de transformação ao/do mundo. Ele desloca o rumo de nosso destino na Terra para o interior da pessoa em sua individual e crescente "pessoalidade", e para um crescendo de amorização entre as pessoas, solidária e coletivamente.

Pois o que estabelece a culminância da experiência de sermos seres dotados de uma forma peculiar e mesmo única de consciência-pensamento-no-mundo, não é nunca a possibilidade de nos tornarmos cada vez mais intelectualmente sábios, cientistas e, sobretudo, tecnologicamente, "dominadores de tudo". É, em outra direção, o fato de que o próprio desenvolvimento ascendente da consciência em nós, nos conduz, evolutiva e ascendentemente, a esferas possíveis e realizáveis de uma espiritualização (no sentido teilhardiano mais humano possível) do todo de nós mesmos. Da totalidade corpo-espírito, razão-emoção, ação-meditação, eu-nós de que somos e, não apenas, da racionalidade de nossos pensamentos. E de seus produtos quantificáveis... inclusive no *curriculum vitae*.

Somos seres que, ao se transformarem, transcendem-se. Somos seres que ao irreversivelmente transcenderem a si-mesmos como pessoas, como coletividades, como toda uma humanidade, tendem a ampliar crescentemente uma vocação humana à busca do outro, à generosa partilha da vida, a uma amorização que apenas no viver-e-criar-juntos encontra a sua plena realização.

Se podemos acreditar com Teilhard de Chardin que tudo o que se transforma converge, podemos pensar esperançosamente que tudo o que converge tende a se unir. Tende a confluir para a formação de coletividades solidárias e fraternas. Para a criação de comunidades socializadas onde justamente a máxima partilha da vida gera — em vez de tolher — uma dimensão de vida humana com a garantia de uma máxima e sempre crescente personalização.

A esperança de que através da humanidade a vida se reencontre com a sua culminância, com aquilo que em vários escritos Teilhard de Chardin chamou de *Ponto Ômega*. A plenitude da Terra realizada na vida. A plenitude da vida transfigurada em uma vida humana plenamente imersa no amor e inteiramente conduzida pelo amor entre todas as pessoas, e entre cada uma e toda em direção a todos os seres da vida.

A palavra *socialização* aparece e é muito importante em escritos de Teilhard de Chardin. E ela não quer significar apenas um estágio sociopolítico de superação histórica da capitalismo. Ela quer significar o eixo social de todo o processo de complexidade-consciência, de transcendência, de espiritualização da espécie humana.

Isto porque somente na pessoa do outro, com ele e através dele, saindo de nós mesmos — sem jamais perdermos a substância sagrada de nossa própria pessoa — podemos encontrar, coletiva, socializada e amorosamente, a nossa própria culminância aqui na Terra. Aqui, onde, inevitavelmente, uma humanidade transfigurada existirá como uma planetária humanidade plenamente socializado.

> *Ser é unir*, eis a lei profunda do Real. Cada ser é síntese de outros que lhe são inferiores e anteriores. Neste sentido, *a União cria*. Dela sempre resulta um ser que *É mais* que os elementos que o compõem e que é novo, porque a *União diferencia* (e no caso do Homem, *personaliza*: o Eu cresce no Nós). Essa energia fundamental [...] é de ordem espiritual interna. Amor. (Teilhard de Chardin, 1988, p. 55)

Passo a passo, entre a paz e as guerras, entre a realidade de uma atualidade tão ainda desumana e depravada, tão ainda conduzida pela forma que o capitalismo tomou em nossos dias, entre acertos e desacertos, podemos acreditar que no interior de uma sinuosa história humana, podemos estar caminhando em direção a uma verdadeira trans-história. A de uma humanidade pacificada, livre e plena e amorosamente solidária. Não apenas em nós e através de nós, os *seres humanos*, pois desde o surgimento da vida aqui na Terra e bem antes do nosso aparecimento entre outros seres-da-vida, a própria vida tem sabido saltar de esferas de individualismo e competição para esferas de solidarismo personalizado e de cooperação solidária.

Marcos Arruda traduz isso com estas palavras:

> Resumindo, é possível discernir nesta caminhada evolutiva da natureza um sentido: ela vai da agressividade para a crescente cooperação e solidariedade; da solidariedade natural (abelhas, formigas, babuínos,

gorilas, orangotangos) à *solidariedade consciente*, construída por cada ser humano a partir do desenvolvimento do seu sentido de cooperação, de comunhão, de amor; da coletividade inconsciente à individuação, desta à coletividade consciente; da competição pela sobrevivência individual ao altruísmo da sobrevivência da espécie, ao altruísmo da comunhão interpessoal e planetária. (Arruda, 2006, p. 142)

A trajetória da vida na Terra não se encerra com a *biogênese*, a *antropogênese* e os seus desdobramentos. *Noosfera* é o nome que ousadamente Teilhard de Chardin dá a uma nova era que se aproxima. Ou que, conscientes ou não dela, já estamos às suas portas. O desdobramento de uma trajetória através da qual, ao nos tornarmos cada vez mais amorosamente conscientes, conduzimos tudo o que existe, conecta conosco e partilha conosco uma mesma espiral ascendente de espiritualização e amorosidade, talvez estejamos dando os primeiros (difíceis) passos em direção a uma humanidade cuja existência e essência por agora apenas podemos imaginar.

Este poderá ser o momento inaugural de uma Terra empapada de pessoas — como você e eu — de coletividades e de toda uma humanidade a tal ponto alçada aos limites de sua transcendência, que vista de longe a Terra brilhará à noite. E não por efeito de nossas cidades iluminadas, mas pelo brilho da luz de nossas consciências.

Podemos por um momento retomar o vídeo-documentário em que seus autores lembram Teilhard de Chardin como o criador de uma visão de cientista e de um imaginário de profeta que, na verdade, conduz a própria ideia central d'*O buraco branco no tempo*.

Depois de repassarem, entre falas, números, fatos e imagens a trajetória do ser humano na Terra, desde o aparecimento dos primeiros seres vivos, até nós, os "humanos pós-modernos", o documentário lembra Pierre Teilhard de Chardin, porque seus autores defendem um ponto de vista que traz para a nossa perigosa pós-modernidade a essência do pensamento do homem que nos acompanhou como um guia de caminho neste capítulo.

E o que "mostra" o filme? Ele lembra que uma vez realizadas — cada uma a seu tempo e com uma duração bem menor do que a antecedente — todas as "revoluções" que a humanidade atravessou: a "neolítica" (a passagem dos bandos caçadores coletores primitivos para as primeiras comunidades ampliadas de agricultores e pastores), a "industrial" e, em nossos exatos tempos, a "informática", não há mais o que "revolucionar" na face exterior da natureza e das culturas. De um ponto de vista científico e tecnológico, há que aperfeiçoar, modernizar, humanizar, transformar ainda, as teorias que tudo buscam explicar, e as máquinas que ameaçam tudo fazer por nós.

Resta então à humanidade uma derradeira e definitiva revolução. E esta revolução à nossa espera envolve em cada um/a de nós e entre-nós, um "dentro de". Pois agora é em nossa interioridade, é no interior de nossas vidas interiores e partilhadas, é em nossas mentes, em nossas consciências e em nossos corações, que uma última e grandiosa "revolução" deverá ser realizada.

Somos neste presente uma humanidade amadurecida para um salto que não deveria esperar mais tempo. Embora fatos e feitos locais, regionais, nacionais e planetários pareçam indicar o contrário, nós somos a geração que deveria ousar superar-se interiormente a si-mesma. Somos o momento em que a humanidade deveria, de dentro-para-fora, e da profunda individuação de cada-um/a de nós, em direção à comunhão no entre-nós, lançar-se em busca da construção pessoal e solidariamente coletiva, planetária mesmo, de uma nova consciência. Logo, de um novo mundo possível e realizável.

Recordo, com outras palavras, o que disse antes. De modo algum trata-se de um salto intelectual, restrito a cientistas ou conduzido por eles, e desde "eles" para "todos os outros", em apenas uma busca de "novos paradigmas". O que nos desafia é algo bem amplo e profundo ainda. É algo que está na amorosa e fertilizadora interação entre as realizações dialógicas e integrativas das/entre as ciências, entre elas e as artes, e entre todas elas e as espiritualidades, as religiões e as tradições de pensamento e de criação de culturas. Algo humanamente realizável, que deveria desaguar em um salto de consciência de que o "pensamento complexo" de Edgar Morin seria apenas uma entre outras dimensões.

E após defender com ênfase a urgência desta revolução de consciências em nome de uma humanidade esclarecida e, depois, iluminada, *O buraco branco no tempo* conclui recapitulando tudo o que fomos, o que somos agora, o que estamos fazendo com o planeta e o que poderíamos realizar para "salvar a Terra", e, finalmente, o que poderíamos ser... se quisermos.

E ao final do documentário, o seu narrador nos desafia a pensar que entre os bilhões de anos de presença da vida na Terra e os milhões de anos de presença do ser humano na vida, afinal, ela e nós... "viemos de tão longe". E agora, quando somos livres para escolher o nosso caminho, qual caminho iremos escolher?

Iremos escolher o caminho da destruição apressada de nossas vidas, da vida de todos os seres vivos e até mesmo de todo o planeta Terra? Ou saberemos escolher aquele que, entre nós e em direção às gerações que nos sucederão, de fato ilumine os olhos de quem de outra Galáxia se aproxime em algum futuro da Terra? E os espantem por verem de longe um planeta verde, vivo e luminoso... Uma Terra ativada pelo do brilho da luz consciência de amor de seus habitantes!

Dentre as respostas sempre realistas e carregadas de esperança que Teilhard de Chardin escreveu em seus livros, escolhi esta, com que podemos encerrar este capítulo e este livro.

Esse processo, em si irreversível, toma plena significação a partir do Homem. Nele, com ele e por ele, único ser que "sabe que sabe", a própria evolução tornada consciente-de-si (*auto-evolução*) não aceita mais regredir e quer a eternidade para o fruto de seus labores (José Luiz Archanjo) "uma obra para sempre". A única saída então está no adiante, para o Alto e Por Dentro, rumo àquele ponto de emersão final, (para fora do Espaço-Tempo) que nos imortaliza (introduzindo-nos na eternidade). Unificar. Unir. É o caminho. Co-reflexão, síntese socializadora dos homens entre si, constituição da Humanidade global ultrapassando limites, fronteiras e barreiras políticas, econômicas e até psíquicas, amortização das relações interpessoais, universalização do saber, promoção humana, ecumenismo religioso etc. não são utopias, mas opções únicas. Se não nos amarmos uns aos outros, pereceremos, porque para ser mais é preciso unir sempre mais. (Teilhard de Chardin, 1988, p. 56)

Referências

ARCHANJO, José Luiz (Org.). *O Pensamento vivo de Teilhard de Chardin*. São Paulo: Martins Claret, 1988.

ARRUDA, Marcos. *Humanizar o infra-humano. A formação do ser humano integral*: homo evolutivo, práxis e economia solidária. Petrópolis: Vozes, 2003.

_____. *Tornar o real possível. A formação do ser humano integral*: economia solidária, desenvolvimento e o futuro do Trabalho. Petrópolis: Vozes, 2006.

_____. *Educação para uma economia do amor*: educação da práxis e economia solidária. Aparecida: Ideias e Letras, 2009.

ARSUAGA, Juan Luis; MARTINEZ, Ignácio. *La espécie elegida*: la larga marcha de la evolución humana. Madri: Ediciones 13, 1998.

BETTO, Frei. *Sinfonia universal*: a cosmovisão de Teilhard de Chardin. Petrópolis: Vozes, 2011.

BROOSWSKI, J. *A escalada do homem*. São Paulo/Brasília: Martins Fontes/Ed. da Unb, 1983.

BURKE, Peter. *A cultura na idade moderna*. São Paulo: Companhia das Letras, 1989.

COARACI, Joel. *Ensaio poético Tom e Ana Jobim*. Rio de Janeiro: Passaredo Produções, 1987.

COUTO, Mia. *O último voo do flamingo*. São Paulo: Companhia das Letras, 2005.

DRUMMOND DE ANDRADE, Carlos. *Antologia poética*. São Paulo: Abril Cultural, 1982.

FOUCAULT, Michel. *As palavras e as coisas*. São Paulo: Martins Fontes, 1999.

FRIEDMAN, Estelle. *A formação do homem*. São Paulo: Editora Fundo de Cultura, 1963.

GEERTZ, Clifford. *A interpretação das culturas*. Rio de Janeiro: Guanabara Koogan, 1989.

_____. *A interpretação das culturas*. Rio de Janeiro: LTC, 2013.

GUINZBURG, Carlo. *O queijo e os vermes*. São Paulo: Companhia das Letras, 2006.

HAAF, Gunter. *A origem da humanidade*: a maravilhosa história da criação do homem. São Paulo: Círculo do Livro/*Abril Cultural*, 1982.

LARAIA, Roque de Barros. *Cultura, um conceito antropológico*. Rio de Janeiro: Jorge Zahar, 2006.

LEAKEY, Richard. *A evolução da humanidade*. São Paulo/Brasília: Melhoramentos/Círculo do Livro/Ed. da UnB, 1981.

_____. *As origens do homem*. Lisboa: Editorial Presença, 1983.

_____. *A origem da espécie humana*. Rio de Janeiro: Rocco, 1995.

_____; LEWIL, Roger. *Origens*. São Paulo/Brasília: Melhoramentos/Ed. da UnB, 1980.

_____; LEWIL, Roger. *O povo do lago*: o homem, suas origens, natureza e futuro. São Paulo/Brasília: Melhoramentos/Ed. da UnB, 1988.

LEWIN, John. *O homem e a evolução*. Rio de Janeiro: Paz e Terra, 1968.

MARX, Karl. *O capital*. São Paulo: Nova Cultural, 1996.

_____. *Manuscritos econômicos e filosóficos*. São Paulo: Martin Claret, 2002.

MATURANA, Humberto; REZEPKA, Sima Nisis. *Formação humana e capacitação*. Petrópolis: Vozes, 2000.

_____; VARELA, Francisco. *A árvore do conhecimento*. Campinas: Editorial Psy, 1995.

MAUSS, Marcel. *Sociologia e antropologia*. São Paulo: EPU/Edusp, 1974.

MOSCOVICI, Serge. *Sociedade contra a natureza*. Petrópolis: Vozes, 1975.

MOVIMENTO DE EDUCAÇÃO DE BASE. *O conceito de cultura*. Rio de Janeiro: Movimento de Educação de Base, 1965. (Série Estudos sociais — Cultura.)

NEVES, Walter. *Antropologia ecológica*. São Paulo: Cortez, 1996.

PARIS, Carlos. *O animal cultural*. São Carlos: EdufsCar, 2002.

ROUSSEAU, Jean-Jacques. *O contrato social*. São Paulo: Martins Fontes, 1989.

_____. *A origem da desigualdade entre os homens*. São Paulo: Martins Fontes, 1993.

SAGAN, Carl. *Cosmos*. Rio de Janeiro: Livraria Francisco Alves, 1984.

TEILHARD DE CHARDIN, Pierre. *Ciência e Cristo*. Petrópolis: Vozes, 1974.

_____. *Hino do universo*. São Paulo: Paulus, 1994.

_____. *O fenômeno humano*. São Paulo: Cultrix, 1994.

TUIÁVII. *O Papalagui*: comentários de Tuiávii, chefe da tribo Tiavéa nos Mares do Sul. São Paulo: Marco Zero, 2003.

WHITE, Leslie. *O conceito de cultura*. Rio de Janeiro: Movimento de Educação de Base, 1963. (Mimeo.)

GRÁFICA PAYM
Tel. [11] 4392-3344
paym@graficapaym.com.br